마흔,,,,,,
출산의 기록

마흔이라는 나이에
아이를 안을 준비를
시_____작해야 했다.

마흔,,,,,
출산의 기록

김옥진 지음

봄풀

차례

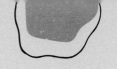

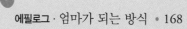

마흔, 출산의 기록

"임신은 축복!"

정말 '축복'일까? 촌스러운 핑크색으로 칠해진 '임산부 보호석'을 누가 봐도 남자인 사람이 떡하니 차지하고 있는 걸 볼 때마다, 그저 남자들의 유흥거리로만 여겨지는 참담한 여성의 현실을 일베나 다크웹 등을 통해 확인하게 될 때마다 망할 이 세상에서 아이를 낳는 게 어떤 의미가 있을지 겹겹이 생각했다.

불과 20~30년 전까지도 여아 낙태는 공공연한 비밀이었다. 출산 가능한 인구가 늘지 못한 데는 그런 측면도 있다. 하지만 그런 사실은 말하지 않은 채 요즘 여자들은 책임감도 모성애도 없다며 매도질만 하는 사회 분위기도 싫었다.

결혼 전까지 나는 최대한 긍정적으로 보아도 비주류였다. 대학 졸업 후 공연기획을 업業으로 삼아 10년 넘게 대학로를 전전하며 살았다. 시간으로 돈을 샀다고 해도 틀리지 않을 만큼 느릿느릿 천천히 굴러다녔다. 그러다 남편을 만났고, 어찌어찌 결혼도 했다.

어떤 삶이 평범할까? 누구든 각자의 삶은 평범치 않다. 결혼도 하든, 하지 않든 마찬가지다. 사람들도 이미 편견에서 벗어나 대부분 그렇다고 말한다. 그럼에도 결혼한 이들에게는 여전히 모두에게 해당하는, 공통되는 미션이 하나 있다. 출산! 낳든 안 낳든 그 엄연함을 받아들여야 비로소 결혼은 시작된다.

아이를 가졌다. 임신과 출산에 얼마나 무지했는지를

순간순간 온몸으로 느끼게 만드는 뼈저린 시간. 임신이 한 인간의 몸을 어떻게 변화시키는지 전혀 몰랐다. 그러니 몸의 변화가 임신한 '내'가 아닌 '태아 캐리어' 역할을 적절히 해내기 위함이라는 사실을 알았을 리 만무하다.

먹어서도 해서도 안 되는 뭔가가 사방에서 날아와 귀를 때린다. 임신과 동시에 '사회 안 원숭이'가 되어버렸다. 함부로 몸을 만지거나 모르는 사람이 어쩌니저쩌니 하며 대놓고 수군대도 그러려니 해야 하는 동물원 원숭이 같은 존재. 글로 읽고 머리로만 상상하던 임신을 내가 하다니…….

임신부로서의 1년은 아주아주(?) 순탄했다. 위험천만한 유산의 위기는커녕 그 흔하다는 임신당뇨조차 겪지 않고 지나갔으니, 그런 위험을 겪었거나 앞으로 겪게 될 사람들을 생각하면 그렇게 말해야 맞는 듯하다. 게다가 뱃속 아이도 정확하게 주 수대로 자랐으며, 몸무게도 고작(?) 17킬로그램쯤 늘었을 뿐이니까!

너무나도 순탄해서 웬만해서는 명함도 못 내밀 만큼 고요했던, 하지만 순간순간 밀려들던 심적·신체적 고통에 힘겨웠던 내 1년의 임신과 출산에 관한 이야기. 이 글은 그것의 기록이다.

마혼,,,,,
출산의 기록

가슴이
뭉쳤다

생리 전에는 원래 늘 가슴이 뭉치긴 했다. 그런데 이번에는 평소보다 훨씬 빨리 몽글대더니 얼마 지나지 않아 단단해지기 시작했다. 시간과 장소가 허락할 때마다 손을 살살 돌려가며 수시로 마사지를 하는데도 풀리기는커녕 아프기만 하다. 1주일 안쪽이면 언제 그랬냐는 듯 감쪽같이 사라지던 통증이 2주가 넘었는데도 계속이다.

왼쪽 오른쪽을 번갈아 돌며 아랫배가 욱신거리는 와

중에도 식탐은 끝이 없다. 위胃로 내려갔던 음식물이 식도를 되짚어 올라올 때까지 꾸역꾸역 연신 입속으로 뭔가를 집어넣는다.

위장장애 때문에 평소 신중하리만치 애써 섭식량을 조절하던 나와는 너무나도 딴판인 모습에 남편의 눈이 휘둥그레졌다. 당황한 표정이 역력하다.

'생리 전 증후군일 거야.'

이해 안 되는 식탐은 그렇게 넘겨보려 했다. 하지만 쉽사리 풀리지 않는 가슴 뭉침은 달리 설명이 되지 않았다.

'혹시 임신?'

불안이 가슴과 머리를 차례로 훑고 지나갔다.

예정일에서 생리가 하루라도 늦는다 싶으면 국에 빠진 머리카락 집어내듯 여지없이 테스트기를 꺼내들었었다. 그러고는 시간이 얼마나 지나야 줄이 생기는지 몰라 사각형 안에 눈동자를 꾹꾹 들이민 채 하염없이 눈빛을 쏘아대곤 했다. 지금까지는 그때마다 충분히 기다렸음에도 늘 한 줄 이상을 그려내지 않았다. 그마저도 흐릿

해 임신인지 아닌지 긴가민가해 본 적조차 없었다.

생리 예정일 아침. 가까운 편의점에서 사둔 임신 테스트기를 집어들었다. 그런데 이번엔 달랐다. 테스트기에는 소변이 닿자마자 마치 인주 듬뿍 묻은 도장을 힘껏 찍어 누른 듯 선명한 두 줄이 그어졌다. 기다리고 말고 할 필요 없는, 빼도 박도 못하는 굵은 줄이었다.

핸드폰에 테스트기 사진을 한 장 찍어 담고 출근했는데 일이 손에 잡히지 않는다. 말할 사람도 없다. 하필 남편이란 작자는 일을 한답시고 해외 출장을 갔다.

'이런 증상일 때 병원에 가면 무슨 일이 벌어질까?'

손가락을 거친 불안이 숱한 키워드로 변장해 검색창을 넘나든다.

"아기집이 보이거나 심장 뛰는 소리를 듣기에는 이른 시기."

대부분 답이 그랬다. 하지만 그 말을 믿고 그대로 가만히 앉아 시간만 보내기에는 심장이 벌렁거려도 너무

벌렁거렸다. 한시도 쉬지 않는 심장 때문에 참을 수가 없는 지경! 그때였다. 오른쪽 옆구리 살 안쪽으로 뭔가가 꿀렁거리며 슬금슬금 지나갔다.

'혹 내가 무슨 눈치를 챘다는 걸 몸이 알았나? 그래서 나타나는 증상인가? 아님 너무 긴장해 그렇게 느끼는 건가?'

점심시간. 온갖 걱정을 끌어안은 채 가까운 병원으로 내달았다. 테스트기가 어땠는지 묻는 말에 사진을 보여 주자 의사가 어린아이처럼 해맑게 반응했다.

"축하드려요. 테스트기가 이 정도면 뭐 피검사는 할 필요도 없네요. 초음파부터 보시죠."

이마가 머리 쪽으로 넘어갈 만큼 눈꺼풀을 올려도 보고 찌그려도 보았다. 흑백의 화면은 아무리 보아도 뭐가 뭔지 하나도 구분되지 않았다. 모니터만 째려보는 나에게, 검색창 너머 결과처럼, 아직 아기집이 잡히지 않는 다며 의사가 나긋이 말했다.

"여기 자궁벽이 두꺼워져 있잖아요. 그게 아기를 맞이

할 준비를 하는 거예요. 다음주에 와서 다시 한 번 초음파를 보시죠."

　나는 부모님, 시부모님 그리고 남편만큼 간절히 아이를 원하지는 않았다. 최소 다섯 명 이상의 친구 또는 동료가 아이를 낳고 나서 10년 넘게 해오던 사회생활을 접는 걸 보았다. 자발(?) 혹은 비자발적인 그 선택을 내가 옳다 그르다 가를 수는 없지만, 그들의 10년이 얼마나 치열했는지를 잘 아는 나로선 그때마다 형언할 수 없는 깊은 아쉬움에 빠져들곤 한 게 사실이다.

　임신 소식을 남편에게 어떻게 알려야 할까 고민되었다.

　'당장 귀국할 수도, 그럴 필요도 없다. 들어온다고 해도 아무것도 달라지지 않는다. 모두가 간절히 기다리던 아이니까…… 나만 빼고…….'

결혼과 아기는
세트?

서른여섯에 연애를 시작했다. 그러다 꽤 많은 나이 차이와 종교의 차이를 뛰어넘어 급작스러운 상견례 제안을 받은 때가 서른일곱이던 해 11월이었다. 아들의 고집은 꺾기 어렵고, 그렇다고 혹시나 하는 마음에 또 그냥 얼버무리며 시간만 보내자니 며느리 될지도 모를 여자의 몸은 늙어가고 있다는 사실을 모른 체하기가 쉽지는 않았으리라.

"아들이면 좋겠어. 드론 날리면서 같이 놀고 싶어."

결혼을 결심하자 남편이 입버릇처럼 말했다. 결혼의 전제조건이 '출산'이나 다름없음을 깨닫는 데는 그리 오랜 시간이 걸리지 않았다.

'그 아들이 왜 너랑 드론을 날리며 놀아줄 거라고 생각하니?'

'왜 그게 아들이어야 하니?'

'딸은 너와 함께 드론을 날릴 수 없는 거니?'

'그 애는 네가 낳는 게 아니란다.'

수많은 질문과 대꾸와 생각이 머릿속을 넘나들었으나 죽어도 못 낳겠다고는 말할 수 없었다. 늘 나를 존중해주면서도 내 의지와는 상관없이 이미 드론을 날리며 함께 놀아줄 '아들'을 바라는 남자. 그 마음을 감출 줄 모르는 투명(?)한 그가 한편으론 서운했다. 남은 생을 그와 함께하기로 마음먹은 순간부터 아이는 당연히 해내야 하는 밀린 숙제였다.

연애 전 그는 어떤 아이든 주변을 어지럽게 하거나, 떼를 쓰거나, 우는 소리를 낸다 싶으면 곧바로 짜증을 냈다. 연애 초반에는 아이들만 보면 얼굴이 환해지더니 결혼이 가까워질수록 언제 어디서든 아이들을 보면 혼이 세 번쯤은 나간 얼굴로 그들에게 빠져들었다. 그러고는 점점 더 관대해져 갔다.

"저러면 아이가 힘들지."

"저래서 아이는 어떡하나!"

번잡스런 아이들에게 짜증 내던 연애 전 그는 어느 틈엔가 사라지고 없었다. 가족 모임에 갔다가 조카라도 보고 오는 날이면 더 심했다.

"애들이 너무 예뻐 보여. 빨리 아이를 갖고 싶어!"

어김없었다.

'애 낳는 게 정말 행복한 일이라면 상상할 수 없는 놀라운 과학의 발전에 왜 남자가 애를 낳는 기적은 포함되지 않았을까?'

머릿속 내 질문에 대한 결론은 늘 분명했다.

'애 낳는 일은 힘들고 괴로우니 여자들 몫으로 남겨두기로 한 것 아니겠어!'

오랜 세월을 지나면서 의학과 약학이 엄청난 발전을 이루었음에도 피임약의 부작용이 여전히 존재하는 이유 또한 마찬가지라고 생각했다.

'자궁이 복잡하고 까다로운 기관인 것은 맞지만, 결정적인 이유는 남자가 겪는 일이 아니라서 관심도가 떨어지기 때문일 거야.'

1주일에 한 번 시부모님을 만나는 교회에서도 긴장은 더하면 더했지 줄지 않았다. 지나치던 아이를 보고 '예쁘다.'고 했다가 남의 아이 탐하지 말고 네 아이 낳으라는 말을 들은 다음부터 교회에서만큼은 아이같이 보이기만 하면 누구라도 눈길을 주지 않는다. 게다가 해외에 살며 잠시 방문한 손자를 부여안고 애지중지하며 예배당 여기저기를 누비는 시아버님을 보면서 알 수 없는 심란함이 들었다.

"얘야, 해야 할 기도가 있지? 그렇지?"

시어머님은 손주 낳으라는 이야기를 아이가 생기게 해 달라고 열심히 기도하라는 말로 대신했다. 남편이 옆에 없을 때, 그 말은 내 가슴을 천근만근 짓눌렀다. 하지만 나는 그 순간을 혼자 알아서 새기고 삭히는, 센스와 아량을 갖춘 며느리여야 했다.

아이는 기도로 생기는 게 아니다. 여기저기 원치 않는 살이 붙고, 온갖 장기들이 눌리고, 머리카락이 빠지고, 흉곽이 벌어지고, 신발에 끼워 넣지 못할 정도로 발이 붓는 지경을 열 달 동안 겪고도 수십 시간이나 뼈가 부서지는 진통을 더 참아내야만 마침내 완성되는 게 출산이다. 그런데도 아무도 나에게 아이를 원하냐고, 너는 출산에 대해 어떤 생각을 갖고 있느냐고 묻지 않았다.

'난 그런 질문조차 받을 자격이 없는 건가? 나는 그냥 걸어다니는 자궁 정도일 뿐인가?'

아니, 오히려 모두가 나에게 아이에 대해 물었다. 마치 내가 아니라 본인들이 아이를 원하는 것처럼.

"왜 2년이 다 되도록 아기 소식이 없어?"

"스트레스받으면 애가 안 생긴다는데, 뭔 일 있어?"

안부에 지나지 않은 가벼운 인사치례임을 모를 만큼 멍청하지는 않지만, 결혼에 자녀계획이 세트로 묶여 따라오니 이만저만 피곤한 게 아니었다. 어쩌면 배려일 수도, 걱정일 수도 있었으나 그 말 자체가 나에겐 해소하기 힘든 스트레스였다. 낮은 출산율에 한몫 보태면서 여성의 신성한 의무를 이행하지 않는, 조국의 염원을 배신하는 매국노가 된 기분이었다.

결혼을 준비할 때였다. 아이를 안 낳으면 속 편하겠다는 내 말에 엄마가 비수를 날렸다.

"누구 집 대 끊을 일 있어?"

"아니, 결혼하면 꼭 누군가의 대를 이어야 해? 내가 무슨 씨받이야?"

엄마가 만만해서였을까? 악다구니를 썼다.

그래서인지 결혼 후 '애들이 왜 인공수정이라도 할 생

각을 안 하는지 모르겠다.'는 시어머니의 하소연을 여러 번 듣고 난 어느 날 엄마가 말했단다.

"그게 얼마나 어렵고 힘든 일인지 아는데, 알면서 딸년에게 차마 해보라고 등을 떠밀 수는 없더라고요."

그 말을 듣는 순간 마음을 몰라주는 것 같아 목구멍까지 꽉 차올랐던 엄마에 대한 서운함이 봄눈 녹듯 사라졌다. 그래도 내 편은 엄마밖에 없다는 생각에 찔끔 눈물이 날 뻔도 했다.

결혼은 왜 할까? 나는 행복해지고 싶어서였다. 그런데 거기에는 대가가 따랐다. 바로 출산. 남편과 사이가 좋고 살림을 아무리 잘 해내도 신성한 출산의 의무만큼은 비켜 갈 수 없는 대체 불가능한 영역이었다. 그리고 마침내 모두가 기대하는 그 신성한 사건이 내게도 일어나 버린 거였다.

머릿속이 뒤죽박죽인데도 가능한 빨리 정확한 결과를 알아야 한다는 생각에 조급하고 초조하더니 막상 결

과를 듣고 나니 오히려 덤덤했다. 드라마에서처럼 기쁘지 않았다. 피하고 싶었지만 피할 수 없는, 피해도 괴롭고 마주해도 힘든 현실이 드디어 내게 닥쳐서였는지 병원문을 나설 때는 되레 눈물이 났다. 서러웠다!

'젠장!'

그 와중에도 오른쪽 옆구리는 쉴 새 없이 꿀렁거렸다.

'눈가가 떨리는 현상과 같은 걸 거야.'

나름대로 그냥 결론을 내렸다. 몸에 큰 변화가 생겼으니 좀 피곤할 때 나타나는 눈가의 경련처럼 작은 움직임이 일어나는 것뿐이라고……

"축하해!"

핸드폰을 두고 마주한 남편에게 축하를 보냈다. 그에겐 마땅히 축하할 일이었으니까. 간절히 원했으니까. 굳이 내 심란함을 보여줄 필요는 없으니까. 그랬다.

난 정말로 내가 아이를 원하는지 확신이 들지 않았다. 하지만 기도 열심히 하라는 말 또한 더는 듣고 싶지 않았다. 친정엄마가 그 말을 듣는 건 더더구나 원치 않았다. 처음부터 딩크(DINK. Double Income, No Kids)의 의지를 명확히 드러낼 만큼 단단한 내가 아님을 알고 있었음에도 결혼을 결심하고 진행한 내 책임이었다.

'그래. 나만 아이를 낳기로 마음을 정리하면 돼. 그러면 아무 문제도 아닌 거야. 앞으로는 뛰지도, 무거운 것도 함부로 들지 않을 거다. 내 몸 안에서 벌어진, 누군가에겐 형언할 수 없는 황홀한 기쁨이 어쩌면 언젠가 내게 기적처럼 다가올지도 모른다. 아이에게 미안한 일을 만들고 싶지도 않다. 과정이야 어찌 됐든 내가 시작했고 결심한 일이다. 건강한 끝맺음을 향해 약삭빠르게 나아가야 한다.'

마흔이라는 나이에 아이를 안을 준비를 시작해야 했다. 서로에게 건강한 반려자, 건강한 부모가 되자고 약속한 내게 그도 핸드폰 너머로 답장을 보내왔다.

"축하해!"

달걀 노른자 같은
건가요?

혼자 산부인과에 간 첫날, 아기집은커녕 자궁 벽이 두꺼워졌다는 이야기만 듣고는 병원을 나와야 했다. 의사가 모니터를 짚어가며 설명을 했음에도 내 눈으로는 뭐가 뭔지 구분이 되지 않았다.

열흘 후, 남편 손을 꼭 잡고 진료실로 들어섰다. 만난 건 아기가 아니라 난황이라고 했다. 엄마와 탯줄로 이어진 태아가 본격적으로 엄마의 에너지를 빼가면서 자라려면 먼저 이 난황을 먹고 영양을 보충해야 한단다.

"난황이라면…… 달걀노른자 같은 건가요?"

아기를 지켜줄 귀한 먹거리를 달걀노른자에 비교한다며 빵 터진 의사 앞에 다소곳이 앉아 생각했다.

'그게 웃기는 얘긴가? 저 난황이 사라져야 아이가 보이는 건가?'

멍청해 보였을지도 모른다. 아니, 아무것도 몰랐으니 멍청한 게 당연했다.

"열흘 후에 오면 아기 심장 소리를 들으실 수 있을 거예요."

회사에 휴가까지 낸 만큼 병원을 나선 우리는 바쁘게 움직여야 했다. 구청에 가서 엽산(태아의 신경관 결손을 막는 데 좋은 영양제. 임신확인서를 가져가면 구청 등 지자체에서 무료로 받을 수 있다.)도 받고, 임신부임을 확인해 주는 핑크색 배지도 받았다.

예전보다는 많이 나아졌다곤 하나 모두가 피곤한 우리 사회에서는 임신을 했든, 애를 업었든, 배려를 받기

가 쉬운 일은 아니다. 하물며 배지 하나 달았다고 배가 나오지도 않은, 임신부인지 아닌지 구분조차 어려운 사람에게 딱히 자리를 양보하거나 하지도 않을 터였다. 나 같아도 그럴 테니까.

"내가 다 일어나라고 할 거야!"

남편은 배지를 '마패'라고 불렀다. 암행어사가 무소불위의 마패를 디밀고 사건을 해결하듯, 마패로 임산부 배려석을 당당하게 얻어낼 거라고 했다.

'그래. 이 사람이라면 당당하고 호기롭게 큰소리로 일어나라고 소리칠지도⋯⋯.'

임신부임을 증명하는 절차 때문에라도 배지는 필요했으나 차마 같이 다닐 엄두는 나지 않았다.

보건소에도 들러 기본 검사를 받은 후 산전검사 기록지를 챙겨 집으로 돌아왔다. 침대에 가만히 누워 주변에 임신 소식을 언제, 어떻게 알려야 하나 생각하니 머릿속이 복잡해졌다.

'어차피 회사에는 법으로 보장된 단축근무를 위해서라도 빨리 알려야 하고…… 그런데 어른들에겐 어떻게 하지? 태아도 아니고 알만 보이는데 혹시 말했다가 안 좋은 일이라도 생기면……'

초기 중에서도 초기라 만약의 경우도 고려해야 했다. 반면, 마음 급한 남편은 생각이 달랐다.

'막 이야기하고 자랑하고 싶겠지. 오매불망 2년이나 기다렸으니 얼마나 소문내고 싶겠어. 어쩔 수 없지!'

마음은 편치 않았으나 그 기쁨과 설렘도 충분히 이해되었다. 양가 부모님께만 이야기하기로 했다. 나란히 앉아 첫 초음파 사진을 핸드폰에 띄워놓고 동시에 카톡 전송 버튼을 눌렀다.

마흔이 되어서야 뱃속에 첫아이를 품었다는 딸 소식을 접한 친정엄마는 말로는 다할 수 없을 만큼 기뻐했다. 시부모님 또한 이제껏 한 번도 내비친 적 없는 격한 감동을 감추지 않았다.

"고맙구나!"

"축하해!

각각 다르게 와닿는 그 미묘한 뉘앙스의 차이에 살짝
예민해지기도 했지만, 그리 중요치 않았다.

새가슴은 싫어!

　　거짓말 1도 안 보태고 진짜 하루하루 몸이 달라지는 듯했다. 태생이 예민해 그런지 몸 여러 부위에서 일어나는 아주 소소한 꿈틀거림조차 속속들이 불편하게 느껴졌다.

　조금씩 그 마각馬脚을 드러내던, 고질인 소화불량이 임신 5주 차에 들어서자 본때를 보이려는지 속이 자주 느끼해졌다. 입덧은 기미도 없는데 뱃속이 심하게 니글거렸다.

　익숙지 않은 몸의 변화가 나타날 때마다 임신, 출산

카페를 찾았다. 사람마다 다르다는, 원하는 대답을 확인할 때까지 스크롤을 멈추지 않은 채 마우스를 붙들고 늘어졌다. 그래도 초조함은 쉽게 물러가지 않았다.

혈압도 낮고 적혈구 세포도 남들보다 적은 팔자라 원래 아침에 일어날 때마다 머리가 핑 돌았는데, 그 정도가 임신 전보다 훨씬 더 심했다. 익숙한 증상이라도 또 또 또 검색했다. 평균의 삶에서 크게 벗어나지 않던 내 몸을 더 이상 신뢰하기 어려웠다.

'임신 초기'란 단어는 검색빈도로 볼 때 내 컴퓨터에서 최상위 레벨로 올라선 지 이미 오래다. 회사에선 내가 이리저리 몸을 옮길 때마다 동료들이 쉬지 않고 잔소리를 해댄다.

"초기에 그렇게 막 움직이면 안 돼."

나보다 먼저 달려가 내 일을 해주는 동료들. 다 엄마들이다! 담담한 척, 아무렇지도 않은 척했지만, 애써 감추다가도 뒤돌아 눈물을 훔칠 때가 한두 번이 아니었다.

오전에 예정되었던 워크숍을 마쳤다. 피곤했다. 점심 전에 속옷에 핏기가 보였다. 아무 생각도 나지 않았다. 예약날짜는 돌아오는 월요일이었지만, 일단 밥을 먹고 병원으로 향했다. 참나, 그 와중에 밥이라니!

'임신했다는 걸 회사 동료들이 다 아는데 혹 이러다 잘못되기라도 하면 어떡하지? 친정은? 시댁은?'

별별 상황이 다 주마등처럼 스쳐 지나갔다. 머릿속이 복잡했다.

택시기사님께 다니는 병원 근처 지하철역을 말하고는 핸드폰을 꺼내 남편 번호를 눌렀다.

"나 핏기가 보여서 택시 타고 병원으로 가는 중이야. 지금 나올 수 있어?"

내 말의 의미를 이미 알아차린 기사님은, 차가 안 밀리는 시간대이긴 했지만, 열일 다 제치고 뛰쳐나온 남편을 태우고는 마치 KTX라도 되는 양 속도를 높였다. 남편을 태워야 하니 잠시만 기다려 달라며 내렸을 때는 아예 나와 같이 차에서 내렸다. 시간이 걸려도 괜찮으니

마음 편하게 기다리라는 배려였다. 조금이라도 덜 걸으려 앞서 말했던 목적지를 지나 유턴해 달라고 하자 기사님이 말했다.

"저기 저 병원 앞에 내려드리면 되죠?"

'핏기가 보인다.'는 한마디로 내가 아이를 가졌다는 걸, 아이에게 뭔가 문제가 생긴 것 같다는 걸, 그래서 병원엘 가고 있다는 걸 눈치챈 기사님은 묻지도 따지지도 않고 최선을 다해 우리를 도와주었다. 고마웠다!

핏기가 보여 왔다니 의사가 살짝 놀라는 듯했다. 하지

만 이내 평안한 표정으로 바뀌었다. 다행히 아이는 멀쩡했고, 심지어 난황을 아주 욕심껏 먹어대는 바람에 벌써 조그맣고 하얀 심장이 생겼다고 했다. 다음 예약 진료일에나 듣게 될 줄 알았던 심장 뛰는 소리가 귓속을 울릴 때마다 가슴이 쿵쾅댔다. 0.68cm 태아가 세상을 보기 위해 내 뱃속에서 열심을 다하는 중이었다.

"아이가 아주 잘 크고 있네요."

마음이 놓였다.

'이게 뭐라고! 이게 뭐라고 내가 가슴을 졸이다 못해 새가슴이 된 채로 여기까지 날아온 거지? 앞으로 또 얼마나 이렇게 자주 새가슴이 되는 순간을 경험해야 하는 거지?'

아이러니하게도 오래전 예약해 둔 방콕행 비행기 표가 떠올랐다.

'난 비교적 건강하게 늘 평균의 몸 상태를 유지해 왔으니까 임신했어도 여행 정도는 괜찮을 거야.'

스스로를 세뇌하며 속으로 누차 되뇌던 그 여행!

"5월 지나서 가시죠."

의사의 단호한 권유(?)는 머릿속 비행기 표를 단번에 말끔히 지워버렸다. 곧바로 비행기와 호텔을 취소했다. 회사에서 나와 병원 진료를 받기까지 30분! 상황을 곱씹어보니 울적했다. 단 한 번도 더는 겪고 싶지 않았다. 생각조차 하기 싫었다.

이번에는 못 가게 됐지만, 안정기에만 들어서면 온 힘을 다해 여행을 다니자며 남편과 손가락을 걸었다. 배가 점점 더 나오고 또 아이가 태어나면 지금보다 더 나다니지 못할 게 뻔했지만…….

쓰러지는 나날들

임신 전에도 이런 적이 있긴 했다. 갑자기 머리가 몽롱해지고 팔다리가 감전된 듯 찌릿찌릿하면서 몸이 차가워지다 이내 온몸에서 힘이 쭉 빠져나가는 현상! 그렇게 10~20분쯤 혼미한 상태로 헉헉거리면서 식은땀을 줄줄 흘리다 겨우 정신을 차리고 일상으로 복귀했던 경험. 살면서 두 번인가 겪었다. 자주 나타나는 게 아니라 당시에는 그냥 몸이 좀 힘들어 그러려니 하며 대수롭지 않게 넘겼다.

이번엔 달랐다. 출근길 버스에서 일주일에 두 번이나

쓰러졌다. 첫 번째는 서 있을 때였다. 얼굴에 식은땀이 그득 흐르는 걸 보고 주위에서 저 친구 좀 어떻게 해보라며 자리를 양보해 주는 바람에 겨우 앉아 몸을 추스를 수 있었다. 두 번째는 버스 바퀴 위에 놓인 의자에 대충 걸친 상태이긴 했으나 앉아 있었음에도 마치 몸을 못 가누는 취객처럼 바닥을 향해 서서히 거꾸러졌다.

평생 두어 번 겪었던 증상이 며칠 사이 연거푸 두 번이나 일어난다는 건 분명 어딘가에 문제가 있는 거였다. 속이 메스껍거나 피곤했다면 예전처럼 그런가 보다 하겠는데 아니었다.

만만한 게 키보드라고 포털 검색창에 증상을 쳐 넣으니 '공황장애'가 주르륵 떴다. 이건 아니다. 공황장애라기엔 내 멘탈은 지극히 문제가 없다. 어떤 감정 변화도 없는 노멀한 상태다. 좀 더 찾아보았다.

'아, 나만 이런 게 아니구나!'

나와 똑같은 증상을 경험한 사람의 글이 나왔다.

'미주신경성 실신'이란다.

'신경성? 이렇다 할 해결책이 없다는 말 아닌가!'

증상이 완벽히 일치하는 데다 평소에 저혈압이라는 점도 같다. 분명 맞는 듯했다. 인생에서 수축기 혈압이 100을 넘겨 본 적 없는 나였지만 병명(?)을 확인하고 나니 더 심란했다.

의사는 놀라기는커녕 아무 일도 아니라는 듯 무덤덤하게 말했다.

"예, 많이들 그러세요. 해결방법이 없어요. 다행히 전조증상은 있으니, 증상이 나타나면 어디든 일단 앉으세요. 버티다 쓰러져서 괜한 치아 다 부러지신 분도 본 적 있어요."

'이게 무슨 귀신 씨나락 까먹는 소리란 말인가! 해결방법은 없어도 뭔가 도움 되는 말쯤은 해줘야 하는 게 아닌가! 게다가 저 대수롭지 않다는 반응이라니? 난 앞으로도 여전히 혈압이 낮을 예정이고, 이런 증상을 계속 겪을 가능성이 큰데⋯⋯.'

쓰나미처럼 밀려오는 짜증을 꾹 참고 병원을 나와 다시 핸드폰을 눌러가며 검색을 했다.

"미주신경성 실신은 인체에 무해하며 특별한 치료를 필요로 하지 않는다."

'세상에! 당장 자리에서 정신을 잃고 쓰러지는데 치료가 필요 없다고? 그 순간 죽을 듯이 두려운데 인체에 아무런 해가 없다니…… 고작 버스를 타는 15분 동안에도 그런데 몸은 무리가 아니라고 느낀다니…… 빌어먹을!'

불쑥 쓰러지기 전까지는 이런 증상이 임신부에게 얼마나 흔하게 나타나는지 아무도 말해 주지 않았다. 심지어 의사조차! 심하면 먹지도 자지도 못할 정도로 고통스럽다는 입덧은 피해 가는구나 싶어 안도하던 내게 '실신'에 대비해야 한다는 역대급 미션이 떨어졌다.

스물세 살 때였나? 헌혈로 보상받은 자랑스런 초코파이를 먹다 쓰러졌다. 그제야 내 혈압이 얼마나 낮은지 알았다. 그전까지 인생에 한 번 쓰러져보는 게 소원일 정도로 초 건강체라고 생각했던 나는 그 후로 헌혈을 못 하는 게 늘 안타까웠다.

출산도 그랬다. 낮은 혈압이 문제 되지나 않을까 걱정이었다. 그런데 출산은 고사하고 임신 중 생활 자체가 큰 공포가 되어버렸다. 생리혈이 줄은 탓인지 한동안 기립성 빈혈이 사라져 다행이다 싶었는데, 아침에 침대에서 일어나면 머리가 핑 도는 어지럼증이 다시 시작되더니 '미주신경성 실신'이라는 증상이 나타난 것이다.

입덧으로 일상생활이 불가능할 정도인 사람들에 비하면 어쩌면 가벼운 증상일지도 모른다. 하지만 직장생활을 해야 하는, 어떤 일에 맞닥뜨릴지 모르는 내가 기면증처럼 시도 때도 없이 불쑥불쑥 올라오는 이런 증상들까지 감당해야 한다니 화가 끓어올랐다.

"젠장!"

스트레스, 서 있기, 낮은 혈압. 그 어떤 하나도 내 마음대로 해결할 수 있는 게 없다. 뭐든 좀 먹으면 나을까 싶어 안 먹던 아침을 먹기 시작했다. 토마토, 오이 등등 뭐로든 위를 채우고 집을 나섰다. 먹지 못했으면 사무실 가는 길에 샌드위치라도 사서 입에 문다. 그렇게 에너지를 채워놓아야 걱정이 그나마 조금 덜했다.

하지만 그런 노력도 별 도움이 안 되는 듯 사무실에서 회의가 길어지자 체온이 스르륵 내려가는 느낌이 들더니 이내 숨이 거칠어졌다. 꾹 참으며 주먹을 단단히 쥔 양손으로 있는 힘껏 책상을 눌렀다. 다행히 최악인 실신까지는 가지 않았다.

"하아~!"

속 깊은 곳에서 안도의 한숨이 올라왔다.

살면서 실신을 걱정하게 되리라고는 상상조차 해본 적 없다. 그런데 이젠 버스 타는 시간을 포함해 30분 걸리는 짧은 출근길에서조차 언제든 쓰러질 수 있다니…….

고작 7주째다. 아직도 30주나 넘게 남았다. 그동안 또 무엇을 만나게 될까? 무섭고 두렵다!

그리운 통잠

　　갓난아기 엄마들의 로망은 '통잠'이란다. 도중에 깨지 않고 6~8시간을 연이어 자는 그 순간은 기적이나 다름없단다. 이 통잠 로망은 신생아 부모들에게나 해당하는 일인 줄만 알았다. 그런데 내가 통잠이 필요하다고 울부짖는 날이 올 줄이야!

　　워낙 잠이 많은 데다 임신하면 더 많아진다는 말을 익히 들어 알고 있던 나는 잠이 업무에 영향을 주게 되면 어쩌나 싶었다. 하지만 아직 아기가 모체에 빨대를 꽂기

전인 임신 초초기라 그런지 낮 동안의 생활은 전과 별로 다르지 않았다. 저녁에도 8시만 되면 잠이 쏟아졌는데, 일찍 자는 것도 크게 이상할 일은 아니었다. 그저 들었던 말처럼 임신 후 평소보다 잠이 좀 더 늘어난 정도라고나 할까.

그렇게 쭉 자고 아침에 일어나면 얼마나 좋을까. 문제는 새벽이었다. 유난히 자극적인 음식이 당기는 터라 물을 많이 먹고 자기 때문인지 새벽이면 적어도 두어 번은 깨어 화장실을 들락거린다. 뭐 그렇지만 볼일 보고 와서 금방 잠에 빠지면 된다. 하지만 다시 잠들기까지 족히 두어 시간은 걸렸다. 어찌 안 괴롭겠는가!

오늘도 12시쯤 일어나 볼일 보고 2시나 되어 잠들었는데, 4시에 다시 깼다. 6시까지 또랑또랑 잠을 못 이루다 어찌어찌 다시 잠깐 잠에 빠졌다 눈을 떴다. 손가락 발가락 끝까지 스며든 잠기운을 떨쳐내고 정신을 차리기까지는 언제나처럼 꽤 긴 시간이 필요하다. 30분쯤 손

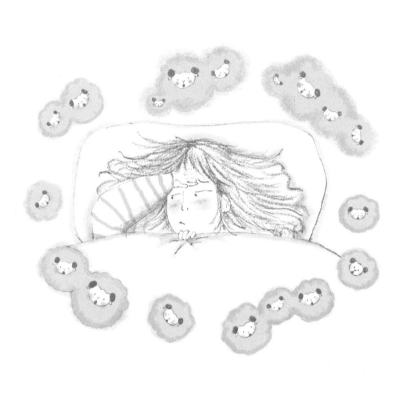

발만 까딱거리며 침대 위를 뒹굴거리다 더는 누워 있을 여유가 없어지고 나서야 일어났다.

'또 어떻게 하루를 버티나……'

머리가 핑 돌았다.

"젠장!"

침대를 붙잡고 앉았다.

"괜찮아?"

발 없는 귀신처럼 어느새 소리 없이 남편이 뒤로 다가왔다. 안 괜찮다. 하지만 괜찮다고 해야 그도 산다.

안 그래도 전부터 삶의 많은 부분이 나에게 맞춰져 있었는데, 임신이 그 강도를 더욱 높여 놓았다. 내가 못 먹는 음식은 덩달아 못 먹고, 더러는 끼니를 건너뛰기도 했다. 게다가 집안에서 생활하는 시간이 많은 프리랜서라 내가 하던 소소한 설거지나 빨래 개기 같은 일들까지도 다 떠안았다. 민감해진 나머지 별 의미 없는 사소한 내 행동들에도 심각하게 걱정을 했다.

고마움과 미안함이 한꺼번에 밀려들었다. 그 어깨에

올려진 마음의 짐만이라도 덜어주고 싶은데, 오히려 대수로운 일 아니잖냐는 듯 뻔뻔하게 말했다.

"늘 해온 거잖아. 또 한동안 늘 해야 할 거고⋯⋯."

괴로운 새벽을 맞는 날이 벌써 2주째다. 아예 물을 안 먹고도 자 보았지만 아무 소용이 없다. 분명 임신으로 인한 변화다. 배뇨량이 많아 참고 버티기가 어렵다. 만약, 참을 수 있어 버티면서 계속 잔다 해도 내 몸이든 아기에게든 좋을 리 없다.

'대체 몸 어디에 이렇게 많은 수분이 고여 있는 거지?'

이해가 안 된다.

예민하다면 예민한 남편과 까다로운 내가 만든, 이제 고작 1.33센티미터 남짓한 뱃속 아기가 엄마의 통잠을 허락지 않는다. 팔다리가 겨우 점처럼 삐져나와 하리보 젤리 같은 꼴을 한 놈이 말이다.

'가뜩이나 잠자리에 누우면 남편 얼굴에서 나는 피지 냄새로 순간순간 괴로운데 (얼굴이 거의 달 표면 수준인 그의 체취 때문에 헛구역질도 여러 번 했다. 뽀뽀할 때는 숨을 참을 때도 많다.) 잠마저 못 자다니…… 심지어 아기는 내 몸과는 아직 탯줄도 연결되지 않은 상태인데…….'

그러니까 본격적으로 날 귀찮게 하기도 전에 이미 이 조그만 놈이 나를 너무 괴롭히고 있는 거였다.

난 전혀 몰랐다. 임신이 엄마의, 부모의 일상을 얼마나 세심하게 뒤흔드는지. 그저 몸이 좀 무거워지다 아이가 모체의 내장기관을 눌러 압박을 느낄 정도는 커져야 몸과 마음이 힘들어지지 않을까 생각했다.

"4주 차에 자궁벽이 두꺼워지고, 5주 차에 난황이 생기며 아기집이 만들어지고, 6주 차에 난황을 열심히 먹은 아기가 비로소 심장을 만들어내고, 7주 차에 팔다리를 뻗을 준비를 한다."

태아는 내가 검색을 통해 알아낸 과정 곳곳에서 모체에 확실한 존재감을 남기는 생명체였다. 그걸 몸으로 부딪혀 가며 배운다. 정확히는 배운다기보다 체험하는 거지만!

뜬금없지만 대한민국 교육이 얼마나 엉망인지 새삼 느꼈다. 생물이나 가정 시간에 내가 배운 임신과 출산 관련 각종 정보와 지식은 실제 출산과 임신에 1도 도움이 되지 않았다. 가상의 정자가 힘차게 헤엄쳐 와 가만히 있는 무력한 가상의 난자에 침입하는 매우 성차별적인 영상만이 전부였다. 정자는 그토록 역동적으로 헤엄치지도 않으며, 난자도 수동적으로 정자만을 기다리지는 않는다는 걸 아무도 말해 주지 않는다. 게다가 남자들에겐 아이가 태어난 이후를 다루는 가정이나 가사는 남의 나라 과목이다. 그러니 임신 상태의 모체가 어떤 변화를 일으키는지, 그 속도와 강도는 어느 정도인지 모르는 게 당연하다. 지금은 좀 나아졌으려나?

막연한 공포를 줄 수도 있지만, 정보를 정확히 전달해야 몸과 마음의 준비가 가능하다. 그래야 한다는 걸 하루가 멀다 하고 깨닫는다.

'괴로움마저 기꺼이 이겨내는 모성이라는 건 허상이다. 어쩔 수 없어 버티는 것일 뿐!'

임신과 출산에 내가 얼마나 무지했는지 알아버렸다.

매일매일이 새롭고도 괴롭다.

아들인지 딸인지가
그렇게 궁금해?

입덧이 없다. 정확히 말하면 예민해지긴 했으나 증상이 심하지는 않다. 악취가 나거나 독한(?) 방향제가 뿌려진 화장실 정도만 피하면 괜찮다. 그 정도는 임신을 했든 안 했든 마찬가지 아닐까 싶다. 불편한 점이라면 전보다 위가 조금은 더 답답한 느낌에다 입맛이 덜할 뿐이다.

소화불량은 내 의지는 아니지만 선택한 옵션처럼 달고 살아온 터라 견딜 만하다. 다만, 평소에 즐기던 육고

기보다 해산물이 더 당기고, 매콤하고 개운한 국물이 입에 더 붙는 건 분명 달라진 모습이다. 호르몬의 영향 때문이리라.

그만하면 감사한 날들이다.

정작 그보다 힘든 건 소화하기 힘든 주위 반응이었다. 몸 상태를 물을 때 선호하는 음식이 바뀌었다는 대답을 하면 꼭 뒤를 뒤따라 나오는 말이 있다.

"그래? 그럼 딸인가?"

먹고 싶은 음식이나 배의 모양 등으로 성별 추정이 가능하다고는 하지만, 아직 탯줄조차 이어지지 않은 상태에서 그런 말을 듣게 될 줄은 몰랐다.

"결혼은 언제?"

"애는 언제?"

"아들? 딸?"

"둘째는?"

지겨울 만큼 끊임없이 사람들은 다음 단계로의 이행을 밀어붙인다. 아무리 그게 관행처럼 여겨지는 대한민

국 사회라도 최소한 임신 중엔 그런 말을 안 들을 줄 알았다. 그런데 임신을 하고 나서도 아무것도 달라지지 않았다.

'몰라, 몰라. 모른다고! 안 중요하다고! 딸이면 어떻고 아들이면 어때. 그냥 건강하기만 하면 되잖아!'

딸인지 아들인지 궁금한 건 단지 그들의 호기심의 발로일 뿐이다. 아기는 누군가의 호기심을 충족시키기 위한 존재가 아니다. 피해의식에서 비롯된 생각일지는 모르나 관심과 애정을 보이는 방법이 왜 아직 그 수준에 머물러 있는지 도저히 이해가 안 된다.

아들을 낳아야 한다는 압박! 느끼지 못했다면 거짓말이다. 아들을 원하는, 사람들의 평범한 니즈에 늘 반문하며 살아온 나로서는 그들의 마음 한 바닥에 깔린 그런 말 없는 아우성이 정말이지 듣기 싫다.

'성별을 결정하는 건 남성의 몫 아닌가! 그런데 왜 아이를 낳는 여성에게 책임이 전가되는 걸까?'

임신 전부터 남편도 아들을 원했을 뿐만 아니라 드러내 말씀 안 하는 시부모님도 마찬가지였다. 대한민국 보통의 60대라면 겉으로는 몰라도 속으로는 대부분 아들을 선호한다는 것쯤은 말 안 해도 안다.

결혼 후 2년간 이름을 부르던 시아버님이 임신 소식을 듣자마자 나를 "우리 며느리"라 부르며 비로소 가족임을 명확히 했다. 그리고 이제 겨우 탯줄이 연결된, 9주 남짓한 태아를 뱃속에 넣고 있는 내게 '둘째'를 말씀하셨다. 기가 막혔다.

'만약 내가 딸을 낳으면? 그러면 둘째에 더 집착하며 강요하지 않을까? 그런 말도 안 되는 상황에 내가 빠지는 건 아닐까?'

의심이 들었다.

하물며 사회생활 중 만나는 이들에게서까지 일상적으로 그런 스트레스를 받는다. 가족과의 접점에서는 그러려니 하고 마음의 준비라도 하지만, 남이 불쑥불쑥 치고 들어오는 순간은 시시때때로 괴롭다 못해 화가 날 지경이다.

　'내 아이의 성별이 대체 왜 궁금한 거지? 당신들이 궁금해할 건 형체도 모를 내 뱃속 태아의 성별이 아니라 지금 여기 눈앞에 실존하는 나여야 하지 않나?'

　신경을 써주는 건 고마우나 그들이 걱정하는 방향은 내가 지향하는 바와는 사뭇 다르다. 난 만져지지도 않는 태명뿐인 아기의 엄마이기 전에 한 인간으로서의 나로 불리기를 바라는, 조금은 까다롭고 예민하지만 보통인, 그저 그런 사람일 뿐이다.

짧은 단축근무

타고나길 좋은 체력이라는 게 있다고 믿었다. 짧지 않은 사회생활, 누구 못지않게 물리적으로 혹독한 시간을 보냈다고 자부하던 내가 그동안을 버텨낼 수 있었던 건 타고난 체력 덕이라고 생각했다.

그러다 한 달에 2킬로그램씩 총 6킬로그램이 빠지는 극한의 업무 스케줄을 치르고 체력이 반 토막 나는 체험을 한 후로는 타고난 체력이라는 걸 믿지 않는다. 그렇다고 어디가 크게 아팠던 적도 없지만…….

사람들 대부분이 그렇듯 나도 평균적인 삶을 살아왔

다. 하지만 초산의 평균(?) 나이를 훌쩍 뛰어넘은 지금, 임신이라는 멋쩍은 상황은 나를 매우 당황스럽게 만들어버렸다.

우리 회사는 11시 반에 점심시간이 시작된다. 12시쯤 식사를 마치면 나머지는 자유시간이다. 평소 걷기를 좋아하는 나는 보통 근처 공원을 산책하는데, 출퇴근 동선까지 더해 만 보를 꼭 채우려 했다. 그래야 군살이 좀 덜 붙을 거라고 생각했기 때문이다. 주말이면 남편과 같이 전시 관람하고, 사람 만나고 하면 만 2천 보는 우습게 걸었다. 그런 뚜벅이 커플이 우리였다.

그러나 임신 후에는 달랐다. 잦아지고 심해진 소화불량을 가라앉히려면 일부러라도 걸어야 했다. 걷다 보면 몸이 피곤해지면서 꾸역꾸역 헛구역질이 올라왔는데, 그때의 만보기는 여지없이 1만 보 근처 숫자를 나타냈다.

'예전에 비하면 많이 걷지도 않았는데……'

지금의 몸에 맞는 적정한 걸음 수가 궁금했다.

"임신 전엔 거의 매일 만 보 이상 걷다시피 했거든요."

"예전의 70~80% 수준으로 유지하는 게 좋아요."

의사가 대답했다.

몸이 그 말을 기억하듯 그 뒤로는 8천 보만 넘어서면 지쳤다. 더 걸어선 안 된다고 반항하는 것 같았다. 게다가 회사에서는 딱히 몸 쓰는 일을 하지도 않는데 오후 세 시만 되면 헛구역질이 올라왔다. 신경을 많이 쓴 날은 한 시쯤부터 조짐을 보인다. 육체노동이라 힘들어 그렇다면 차라리 그러려니 하겠다. 가만히 앉아만 있는데도 헛구역질이 올라오니 영 낯이 안 선다.

이제 겨우 5cm 남짓인 놈이 작심하고 본격적으로 내 몸에서 에너지를 빼내 가는가 보다. 그러고 보니 소화불량은 여전한데 식사량은 늘었다.

'충분히 먹어놓지 않으면 버틸 수 없는 몸이 되고 만 걸까?'

두 달 동안의 단축근무가 끝난 첫날, 이미 낮 1시 반부터 헛구역질이 계속 올라왔다. 마침내 퇴근길 택시에서 내리자마자 참았던 헛구역질을 격렬하게 해댔다.

'아, 단축근무는 왜 임신 12주까지와 36주 이후만 해당한단 말인가? 짧아서 단축근무인가? 모체는 이제부터 본격적으로 힘들어지는데, 태아의 안정만 고려해 제도를 설계하다니……'

2020년 어느 때부터는 임신 기간 전체에 걸쳐 단축근무가 가능하도록 법을 수정한다고 했는데, 아직도 소식이 없다. 우리나라는 출산율에 대한 고민의 디테일이 많이 떨어지는 것 같다. 단축근무를 하더라도 바쁘면 어차피 시간을 넘겨 일할 수밖에 없는데…….

임신부는 오로지 아이를 낳는 그 순간을 위해 체력을 비축해 놓아야 한다는 선배 엄마들의 말이 뼈를 때린다.

아직은
본 적이 없어요

2주에 한 번이던 정기검진이 4주 간격으로 바뀌었다. 슬슬 안정기에 들어서나 싶어 지난 검진 때 무척이나 불쌍한 표정을 지으며 물었다.

"선생님, 회는 안 되겠죠?"

"한 달에 한두 번 정도라면 괜찮아요."

말하는 의사의 반응이 뜨뜻미지근했다. 정신을 잃고 쓰러졌을 때도 해맑은 얼굴로 활짝 웃으며 다들 그렇다고 말씀하시던 분인데, 흔쾌한 낯빛이 아니다.

행여 모를 불상사를 막으려면 날것은 가능한 피해야 한다는 상식쯤은 알지만, 예전처럼 고기가 입에 달라붙지 않는 요즘 회조차도 못 먹으니 낙이 없었다. 사실, 터놓자면 그간 멍게덮밥 등 시험 삼아 짬짬이 조금씩 날것을 먹어보면서 별 탈이 없는지 확인해 보긴 했다.

'아무 이상 없었는데 왜 먹지 말라는 거지?'

따져볼까 생각도 했지만 그래도 대놓고 '회'를 먹는 건 당분간 참기로 했다.

그날은 임신중독증에 걸릴 위험이 어느 정도인지, 혹 기형아 가능성은 없는지 확인하기 위해 혈액검사를 받아야 했다.

기형아 검사에 관한 설명을 듣고 있으려니 가슴이 섬뜩했다. 60만 원이라는 큰돈을 내면 꽤 섬세한 검사가 가능해 다운증후군까지도 발견해 낼 수 있다고 했다. 몇만 원 정도의 소소한 비용으로는 대강의 가능성 정도만 확인될 뿐, 60만 원을 질러야 매우 정밀한, 꽤 높은 수준의

정확도로 그 여부를 알 수 있단다. 그러고는 덧붙였다.

"다운증후군 가능성이 크면 일반 산부인과가 아닌 종합병원에서 출산해야 할 수도 있어요. 하지만 무엇보다도 출산 이후 부모와 아이의 삶에 따르는 심리적이고 경제적인 여러 가지 준비들 때문에 다들 하신다고 생각하면 돼요."

'종합병원? 그래. 노산이니까 종합병원에서의 출산도 고민해야 하겠구나.'

생각하던 찰나 또 다른 한마디가 마음을 울렸다.

"지금까지는 다운증후군으로 예상되는 아이를 낳는 분을 본 적이 없어요."

눈물이 맺혔다. 후드득 떨어질까 싶어 천정을 바라보며 눈꺼풀 안으로 꾹꾹 눌러담았다.

내 뱃속 아기와는 상관없더라도 무슨 말인지 안다. 평생을 어린아이의 지능으로 사는 자식을 바라봐야 한다는 것, 나의 모든 일상이 완벽하게 무너진다는 것은 경제력과는 또 다른 문제다. 공포가 엄습했다. 남편과 나는 손을 꽉 붙잡았다. 무서웠다! 너무 무서웠다.

'우리라면? 우리가 지금 그런 상황에 처했다면 어떻게 할까? 그들처럼 할까?'

그럴 수는 없을 것 같았다. 차라리 모르는 게 낫겠다는 생각도 들었지만, 노산인 데다 혹시나 하는 마음에 가장 가벼운 수준의 기형아 검사에 동의했다.

'우리는 정말 그들과 다른 결정을 할 수 있을까? 그래, 그래야지. 자식을 책임진다는 건 바로 그런 거지.'

병원 문을 나섰다. 아차 싶었다. 피검사도 받고 회를 먹어도 되는지도 물었어야 했는데 무거운 마음에 그냥 나오고 말았다. 다시 들어갔다. 한 달에 한두 번은 괜찮다는 허락을 받은 우리는 초밥집으로 달려갔다. 두려움은 이미 눈 녹듯 사라졌다. 피검사도 또다시 까맣게 잊었다.

'나는 어떤 아이를 만나게 될까? 어떤 부모가 되고, 어떤 삶을 살게 될까? 아이가 건강하기만 하면 나는 행

복할까?'

　지금의 나는 입덧을 안 하지만 내일의 나는 입덧에 시달릴 수도 있다. 다운증후군 예측에 주요 지표로 활용되는 내 아이의 목둘레가 오늘은 평균의 상태였다고 해서 내일도, 출산까지도 쭉 유지되면서 기대만큼의 건강함을 가지고 태어난다는 보장은 누구도 못한다.

　뱃속 아이 포기라는 결정을 내리는 부모의 고통, 다운증후군 아이를 낳는 분을 본 적이 없다는 의사의 말. 비수처럼 날아와 온몸 구석구석에 꽂힌 그 말이 가슴속을 휘젓는다.

제발 배 좀
만지지 마!

　18주. 5개월 차다. 그럭저럭 예민하고 까탈스러운 시기가 지나고 나니 걸어도 만 보까지는 버틸 만큼 체력이 올라왔다. 하지만 만 보를 넘기면 힘들어지는 걸 보니 아직 임신 전으로 돌아온 건 아니다.

　누우면 조심조심 요리조리 찾아가며 만져야 겨우 느껴지던 아기집이 바닥에 등을 대고 누웠는데도 볼록 튀어나온다. 거기에 터줏대감처럼 자리 잡고 있던 배(?)까지 더해지니 이젠 척 보기만 해도 임신부의 풍모가 물씬

풍긴다.

이쯤이면 조금은 불편할 수도 있겠구나 싶었다. 아니었다. 생각보다 훨씬 심하게 불편했다. 엎드려 잘 수가 없다. 회전 바를 돌려야 들락날락 가능한 지하철을 탈 때도 손으로 잡고 밀어야 했다. 전 같으면 배로 쑥 밀고 지나갔는데 말이다. 게다가 사람들이 많을 때는 부딪힐까 싶어 나도 모르게 배를 감싸 안는다.

불편함으로 말하면 그건 약과다. 훨씬 큰 고민은 사람들이 불쑥불쑥 배를 만진다는 거다.

배가 나왔을 리 만무한 임신 9주 차쯤 동갑내기 회사 동료가 내 배에 손을 얹으며 말했다.

"배 좀 나왔어?"

갑작스러운 데다 처음 겪는 상황이라 너무 당황해 어리버리 그냥 넘어갔다. 그러고는 한 달쯤 지났을 때였다. 한 선배가 너무나 아무렇지도 않게 배를 만지며 한마디 던졌다.

"배 좀 나왔어?"

손을 살짝 얹는 정도가 아니었다. 힘이 느껴졌다.

"어, 저, 배는 좀……."

또 그냥 그러고 말았다. 그런데 얼마 지나지 않아 급기야 열 살이나 어린 후배가 내 배를 만지면서 말하는 게 아닌가!

"배는 좀 나오셨어요?"

"남의 배 막 만지는 거 아니야!"

하지만 그녀의 손은 벌써 내 배를 만지고 지나간 뒤였다. 기분이 나빠 미칠 것만 같은데 뭐라고 하기에는 이미 늦었다. 해봤자 의미 없는 반항이었다.

'임신한 배가 그렇게 궁금한가? 그냥 말로 물어보면 안 되나? 굳이 배 나온 거 표 안 나게 옷을 챙겨 입고 다니는 내가 죄인인가? 임신한 배 만지면 로또 1등에라도 당첨되나?'

후배 하나는 배에 손을 얹으며 "이모야~"를 시전하기도 했는데, 내 배가 그렇게 쉽게 만져질 때마다 입가를

맴돌던 말이 있다.

"왜? 왜? 왜? 누가 함부로 네 배 만지면 좋겠어? 싫을 거잖아! 왜 자꾸 만져대냐고! 왜? 제발!"

논리적으로도 감정적으로도 이해가 안 되었다. 보통은 여자끼리라도, 격하게 친한 사이라도 함부로 배를 만지는 일은 거의 없다. 왜? 여자에게 뱃살이란 그런 부류에 속하는 물건이다. 지금 당당하게 내 배를 만질 수 있는 사람은 유일하다. 남편뿐! 굳이 한 명을 더하라면 엄마 정도?

평상시 누군가의 배를 만지는 행동은 엄청난 실례인데, 왜 임신한 여자의 배는 아무 때나 만져도 괜찮다고 생각하는지 모르겠다.

"옷 보러 들어가 생전 처음 본 가게 사장님, 중고 거래하러 나갔다 만난 거래자분, 앞으로는 제발 그러지 마세욧!"

생판 남이라면 욕이라도 하겠건만 배 좀 나왔냐며 불쑥 손을 내미는 선후배들에게는 뭐라 핀잔을 주기도 어렵다. 한번은 신기하다며 들이미는 후배의 손을 밀쳐내고는 거꾸로 그녀의 배에 손을 갖다 대려 했더니 깜짝 놀라 웅크리면서 내 손을 뿌리쳤다.

"너는 내 배를 만져도 되고, 나는 네 배를 만지면 안 돼?"

그러고 나서야 죄송하다는 말을 들었다. 어이없게도 채 10분이 안 돼 다른 후배가 또 배를 만지는 바람에 목덜미를 움켜잡아야 했지만…….

임신한 나로서는 불편함과 언짢음을 넘어 무서울 때가 있다. 길거리나 지하철 등에서 처음 보는 할머니나 아주머니들이 내 배를 쓰다듬을 때다. 그중에는 세상 교양이란 교양은 다 갖추었을 법한 얼굴을 한 분들도 있다. 그럴 때면 임신부는 어떤 굴욕도 겸허히 받아들여야만 하는 충직한 노예라는 생각이 들었다.

누구는 임신한 여자의 배를 만지는 행위는 귀여운 아이를 만지는 것이나 다름없단다. 심지어 그건 해외에 나

가서도 똑같이 하는 한국인의 종특이란다. 기함할 일이다. 종특을 꼼꼼히 실천하는 사람들에게 들려주고 싶다.

"당신의 무례한 손길에 뱃속 아기가 얼마나 깜짝깜짝 놀라는지 알아요? 알든 모르든 제발 임신한 남의 배 좀 함부로 만지지 마세요. 울 엄마도 조심스러워 안 만지는 배란 말이에요. 이 망할 인간들아!"

임신부의 배는 탑돌이용 소원탑도, 만지면 복이 들어오는 부적도 아니다. 아무리 가까운 사이라도, 아무리 내 아이를 예뻐하기 때문이라도 살짝 곁눈질쯤으로 참길 바란다. 미리 허락을 받든가……

낯선 안정기

'안정기!'

얼마나 기다렸던가! 초기에는 심한 입덧은 없어 편하긴 했으나 종종 쓰러지는 통에 힘들었고, 택시를 타다 보니 지출이 늘어 스트레스가 극에 달했다. 체크카드 사용으로 세팅되었던 생활이 순식간에 신용카드를 써야만 하는 상황으로 내몰렸다. 그 언젠가 체크 기능이 담긴 크로스마일 카드를 만들지 않은 내가 얼마나 원망스러웠는지…….

평균 잡아 출근길 1만 원, 퇴근길 9천 원의 택시비가

드니 계산하면 다달이 40만 원이다. 무시할 만한 비용이 아니다. 주택담보대출 원금과 이자 상환으로 한 달 용돈이 고작 30만 원이었는데, 출퇴근 교통비로만 40만 원씩 써버리니 답이 없다. 게다가 신용카드를 다시 긁기 시작하니 통제가 안 된다.

나는 경제적으로 흔들리기 시작하면 극도로 스트레스를 받는다. 임신한 후로 꼭 필요한 병원비를 빼고도 계속 지출이 늘어가니 스트레스가 이만저만이 아니었다. 보건소 가서 받을 수 있는 기형아 검사도 미처 정보를 몰라 병원에서 돈을 썼다. 어차피 지원금으로 해결하는 거였지만, 아무리 적어도 남아 있다면 병원비에 보탤 수 있었을 텐데!

내가 안정기를 목이 빠져라 고대한 이유도 그거였다. 쓰러지지 않으면 교통비라도 줄일 수 있지 않을까 싶었던 것!

엄마야 스트레스를 받든 말든 뱃속에 들어앉은 놈은

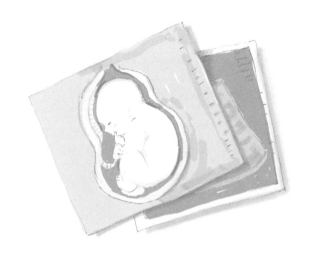

무럭무럭 자랐다. 병원 검진 때마다 보면 주 수에 딱 맞는, 교과서(?)에 나오는 수준으로 성장하고 있단다. 어떤 수치는 정상의 끝자락에 놓여 아슬아슬한 적도 있었지만, 내 눈엔 그냥 정상수치일 뿐이었다. 일주일에 살이 500그램씩 불어나는 듯했다. 그러면서도 순순이(?)라는 태명에 맞게 잘 크는 것만 같아 안심이었다.

　기껏해야 아기집 근처가 좀 단단하게 뭉친 정도로 평

평했던 아랫배가 아기가 크는 대로 쑥쑥 나왔다. 마침내 임신부임을 단박에 알아챌 만큼 되었다. 핑크빛이 선연한 임신부 배지를 슬쩍슬쩍 보여도 버스나 지하철에서 양보를 받은 적이 거의 없었는데, 이제는 꽤 자주 자리를 내준다. 역시 몸으로 보여주는 게 최고다.

곳곳에서 성가신 일도 생겼다. 택시에서 기사님이 대뜸 몇 개월이냐고 묻는다든가, 아들만 둘을 낳은 단골 카페 사장님이 딸이냐고 물을 때 등이다. 그나마 카페 사장님은 보통 커피에서 디카페인 커피로 바꾸는 것과 변하는 몸을 보며 그럴 수 있다 싶지만, 생판 모르는 낯선 이들이 개월 수를 묻는 건 짜증나는 일이었다.

양치 때 메슥거리던 증상도 많이 가라앉고 음식 냄새에 대한 거부감도 없어졌다. 또 고깃국도 예전만큼 느끼하지 않았다. 그렇다고 늘어난 식탐을 채웠다가는 배가 찢어질 듯한 고통을 감내해야 했다. 원체 소화가 잘 안 되는 체질이라 침을 뚝뚝 흘리면서도 참을 수밖에 없다.

그래도 임신 전처럼 반 공기만 먹어서는 눈이 돌아가 버릴 만큼 배가 고팠다. 두 숟가락쯤 남기는 선에서 타협이 이루어졌다.

아기는 이처럼 뱃속에서도 뚜렷한 존재감을 보여주지만 엄마인 난 여전히 낯설다. 어색하다. 그런데 가족과 회사 동료들은 물론 의사까지도 내 아이가 귀엽단다. 근육도 살도 붙지 않은, 누가 봐도 그냥 작은 해골 같은데 귀엽다니 과연 진심인가 의심이 든다.

'애가 들어선다고 모성애가 바로 생기는 건 아닐 거야.'

나름 이성적인 차가운(?) 머리로 그렇게 생각해 왔다. 하지만 정말로 그럴 줄은 몰랐다.

'아이가 건강할 수 있도록 조심해야 해. 그게 내 행동에 대한 책임을 지는 거야. 사랑은? 아직 잘 모르겠어. 근데 그렇게 말하면 이상한 사람 취급하거나 엄마 자격이 없다고 할까 봐 그냥 흥흥대는 거야.'

안정기에 들었다. 호르몬 변화로 요동치던 몸이 적응을 했는지 좀 편해졌다. 이때쯤 여행을 가면 좋겠다 싶은데 귀차니즘이 발목을 잡는다. 남편의 연이은 출장으로 혼자 움직일 수도 없다. 5주 동안의 주말을 벽에 붙은 붙박이장처럼 침대에 찰싹 달라붙어 떨어지지 않았다. 말 그대로 아무것도 안 했다. 결혼하면서 사람도 점점 안 만나기 시작했는데, 덧붙여 임신은 좋은 핑곗거리였다.

'이렇게 히키코모리가 돼버리는 건가?'

사회생활 17년 차! 많이 지쳤나 보다.

그러거나 말거나 안정기로 접어든 뱃속 아기는 아무 탈 없이 크고, 내 몸도 특별히 과하게 이상하거나 아픈 곳 없이 잘 버텨내고 있다.

본격적으로 출산을 검색할 시기가 되었다.

당연한 권리

말했지만, 임신부라면 보건소에서 주는 영양제와 배지를 모든 지자체에서 기본으로 받을 수 있다. 서울에서도 재정자립도가 높은 서초구에서는 배냇저고리까지 세 벌을 추가해 챙겨준다. 제길! 나는 서초구에 안 산다.

임신과 출산은 가정경제에 꽤 큰 타격을 준다. 그러니 보건소에서뿐만 아니라 받을 수 있는 지원은 모두 꼼꼼히 챙겨야 한다. 아니, 지원이나 도움이라기보다는 당연히 누려야 하는 권리가 맞다.

아이가 태어나면 혼이 나갈 예정인 나는 남편에게 시킬 일들을 정리하다 '정부24' 사이트에서 '임신 출산 관련 서비스 통합처리 신청(행복출산)'이라는 항목을 발견했다.

출생신고를 마치고 나면 양육수당, 저소득층 해산급여, 여성 장애인 출산비용 지원, 공공요금(도시가스, 전기요금) 할인, 지자체 출산지원금 등 다양한 급여를 신청해야 한다. 이때 이 사이트에서 거주지역을 선택하면 해당 시군구에서 받을 수 있는 각종 수당과 급여 등을 한꺼번에 신청할 수 있다. 인증서나 전기요금(한전) 고객번호만 넣으면 된다. 각종 혜택을 받기 위한 행정처리들이 심플해진다.

서울에는 '서울 아기 건강 첫걸음 사업'이라는 서비스(ourbaby.seoul.kr)가 있다. 아기가 태어나면 관할 보건소에서 주기적으로 방문해 컨디션을 체크해 주는데, 혼자 낑낑대고 있을 경험 없는 엄마들에게는 충분히 도움이 될

듯하다. 하지만 이 제도는 소득 제한이 있어 모두가 받을 수는 없다.

'서울 아이 해피박스(www.seoulihappybox.com)'에서는 출산 지원이 제일 짜다면 짠 서울에서도 10만 포인트 한도 내에서 무료로 필요한 물품을 고를 수 있다. 젖병 등 출산 후 꼭 필요한 소모품이나 놀이용품 등을 신청할 수 있는데, 출생신고 후에 해야 한다.

'우리 동네 출산축하금(news.joins.com/Digitalspecial/312)'이라는 사이트에서는 각 시군구별로 출산을 하면 어떤 축하 지원이 있는지 알려준다. 양평군은 전입 후 6개월 이상 거주한 사람들에게 첫째는 300만 원, 둘째는 500만 원, 셋째는 1천만 원, 넷째는 2천만 원의 출산축하금을 줄 만큼 파격적이다. 물론, 한꺼번에 주는 것은 아니며, 축하금 제도는 계속 바뀌는 데다 지역마다 편차가 크다.

만약, 주택담보대출을 이용하고 있다면 금리 인하도 가능하다. 우리는 주택을 구입할 때 디딤돌대출과 보금자리대출 두 가지를 받았는데, 그중 디딤돌대출은 출산 이후 자녀 등록을 하면 0.2%의 금리 우대를 받을 수 있다. 기본공지에는 상세히 나와 있지 않지만, 출산 후 아이의 주민번호가 생기고 나면 1자녀는 0.2%, 2자녀는 0.3%까지 인하가 된다. 가장 실질적인 도움 중 하나일 듯하다.

이외에도 챙겨야 할 소소한 혜택들이 많다. '맘 편한 KTX'는 임신확인서를 등록하면 일반 KTX 좌석을 예약할 때 특실로 업그레이드해 준다. 일반 예매 페이지에서는 안 되고 할인 전용 페이지에 들어가야 한다. 할인이 아닌 업그레이드지만 그래도 그게 어딘가! 기차 탈 일이 없어 못 써먹더라도 등록은 했다. SRT는 업그레이드가 아닌 할인을 해준다.

자동차 보험료도 할인된다. 1달 이내에 발급된 임신확인서를 보험사에 제출하면 가능하단다. 임산부 주차할

인 스티커도 발급해 주는데, 보건소에서 발급한 배지가 있어야 한다. 지역별 편차는 있지만 어떤 지역 공용주차장은 최대 50%까지도 할인된다. 차량등록증이 필요한 것으로 보아 자차만 될 수도 있다.

공항 패스트트랙도 이용 가능하다. 임신확인서를 들고 공항에서 여기저기 물어보니 패스트트랙 전용 레인으로 가면 된다고 했다. 하지만 내가 공항에 갔을 때는 패스트트랙 자체를 운영하지 않을 정도로 한산했다. 다만, 체크인 카운터에서 임신 중이라는 이야기를 했더니 가능한 한 최대한 앞쪽으로 자리를 배치해 주었다. 심지어 일본에서 한국으로 올 때도 그랬다. 카운터의 재량에 달린 일이지만, 그래도 신경을 써주니 고마웠다. 30번이 넘어가던 자리 번호가 8번으로 당겨지는 기적을 체험했으니까!

모두가 그렇게 알아서 해주면 얼마나 좋겠는가! 세상 모든 일이 그렇듯 알아서 해주는 것들도 분명 있으나 정보를 몰라 못 누리는 혜택도 많다. 삶이 팍팍할수록 정보를 챙기기 어렵다.

임산부들이여, 꼼꼼히 찾아 누릴 수 있는 건 하나도 빼먹지 말고 다 누리자!

예,

다들 그러세요

"예, 다들 그러세요."

"임신하면 원래 그래요."

병원에서 제일 많이 들은 말이다.

평균의 몸 안에서 크는 내 아이가 만들어내는 여러 증상은 지극히 평범함에도 힘들 때가 많다. 그중 하나가 실신이다. 초기만 지나면 괜찮을 줄 알았다. 하지만 아니었다. 버스에서 균형을 잡으려 조금만 힘을 줘도 맥없이 쓰러지는 통에 한 달에 40만 원씩이나 택시비를 들이

며 출퇴근을 해야 했다.

의사는 중기를 넘어도 빈도가 줄어들 뿐 완전히 없어지지는 않을 거라고 했다. 그 말은 맞았다. 적어도 일주일에 한 번씩은 쓰러질 듯하던 증상이 택시를 타면서부터 뜨문뜨문해지더니 5개월이 지나자 많이 가라앉았다. 배가 불러 버스를 타도 임신부임을 알고 종종 자리를 양보해 주니 더 나아졌다. 하지만 차가 많이 흔들리거나 전날 잠을 충분히 자지 못하면 증상이 훅 나타나곤 했다.

어느 날, 사무실에서 갑자기 식은땀이 주르륵 흐르면서 숨이 차 올라왔다. 가만히 앉아 있으면 괜찮을 줄 알았는데, 20분이나 계속되었다. 출근길만 조심한다고 능사가 아니었다.

7개월 차에도 별반 다르지 않았다. 일반적으로 말하는 안정기였음에도 몸은 안정기임을 인정 안 하는 것만 같았다. 밤 10시에 잠들어 아침 7시 반에 일어나는 데도 휘청거리기 일쑤였다.

'방심하면 안 되는구나. 마지막까지도 완벽한 안전이

란 없겠구나.'

생각이 들었다.

부종과 근육경련 또한 그랬다.

타고난 저혈압에 운동 부족이라 원체 순환이 원활치 않고 쉽게 붓는 편이긴 했다. 임신 전에도 1년에 몇 번은 새벽녘 종아리에 쥐가 나기도 하고, 발가락 끝에 힘을 주면 발가락에 쥐가 날 때도 있었다. 그런데 5개월이 지나 배가 나오기 시작하자 밤이 되면 종아리 근육이 종종 소금 쳐맞은 미꾸라지마냥 경련을 일으켰다.

마침내 어느 날 아침, 기지개를 켜다 말고 비명을 토해냈다. 종아리에 쥐가 나서 발끝이 펴지지 않았다. 남편이 발을 뽑아내기라도 할 듯 잡아당기자 겨우 경련이 풀렸는데, 물어보니 발목을 안 젖히려 부러 있는 힘을 다해 버티는 것 같았단다. 그 후론 힘이 들어가면 언제든 종아리에 경련이 올라올 것 같아 걸을 때마다 힘을 빼느라 여간 힘들지 않았다.

부종을 막으려면 압박스타킹이 필요했다. 다행히 임신 중에는 싸면 3만 원, 비싼 건 8만 원씩이나 하는 비싼 의료용 압박스타킹을 두 번은 처방받아 단돈 5천 원에 살 수 있었다. 그걸 보고는 남들도 나와 같은 증상을 겪는구나 싶어 조금은 안심이 되었다.

한번은 한여름에 한 8개월은 족히 되어 보이는 임신부가 압박스타킹을 신고 다니는 걸 보았다. 얼마나 견디기 어려우면 이 삼복더위에 저걸 신고 다니나 싶어 절로 한숨이 나왔다.

가만히 있어도 줄줄 흐르는 땀을 훔치기 바쁜 푹푹 찌는 여름날 압박스타킹까지 신는다면 여간 고통스러운 일이 아닐 것 같았다. 중기에는 무릎까지 오는 것, 후기에는 허벅지까지 감싸는 게 필요하다고 해 사놓은 압박스타킹. 머리맡에 놓인 그것을 나는 가을이 되기 전까진 신을 엄두를 내지 못했다.

열도 많아졌다. 당연히 땀이 많아지고 분비물이 늘어

나면서 온몸에서 심한 냄새가 나는 것만 같아 괴로웠다. 열은커녕 손발이 너무 차 걱정이던 내가 땀과 열에 시달리며 보내다니 참 아이러니했다.

머리라도 차게 할까 싶어 쿨링젤이 들어 있는 패드도 사용해 봤으나 잠시뿐, 1시간만 지나도 미적지근해졌다. 사무실에 꼼짝 않고 앉아 있어도 가슴팍에서 후끈 열이 올라오는 게 느껴졌다. 온종일 벌겋게 상기된 얼굴은 미스트를 뿌려도 그대로다.

부대 자루 같은 옷만 입는 건 문제도 아니었다. 몸에서 악취가 나는 듯해 자존감이 확 떨어졌다. 위로한답시고 일부러 코를 대고 킁킁 냄새를 맡고는 아무 냄새 안 난다며 남편이 너스레를 떨었다. 위로가 안 된다.

'사람 몸에서 이런 냄새가 나다니…… 누가 가까이 오는 건 아니겠지.'

그럴까 봐 부담스러웠다. 뭐 자존감까지 운운하냐고 할지 모르지만, 뚱뚱해지면서 느끼는 단순한 낭패감과는 또 다른 차원의 상실감이 몰려왔다.

이미 시커메진 겨드랑이는 하얘지길 기도하며 아무리 닦고 또 닦아도 갈수록 꺼메졌다. 더 난감한 건 가슴이다. 거무튀튀해진 유륜이 하루가 다르게 퍼져간다. 오늘이 가장 좁은 날이다. 이러다 가슴 전부가 유륜으로 도배될 것만 같다. 게다가 점점 커지면서 푸석푸석해진 가슴을 검은색 비스무리한 반점(?)이 기어코 전부 뒤덮고야 말겠다는 기세로 점점이 뻗어나갔다.

배꼽 아래도 가관이다. 털이 한 줄 생겼다. 땡글 튀어나온 배에 군대처럼 가지런히 정렬한 임신선이라는 그놈은 정말 꼴도 보기 싫다. 하여튼 남들 하는 건 안 빼놓고 다 했다. 입덧만 빼고!

"예, 다들 그러세요."

의사의 말이 귓가를 맴돌았다.

흔하디흔한 임신 중의 평범한 증상들은 거의 빼놓지 않고 겪는다. 어떻게든 잘 달래 넘겨야 하는데 여전히 모르는 것들이 너무 많다. 하루하루가 새롭기는 오늘도 마찬가지다.

편안해
보인다고요?

"젠장!"

27주에 접어드니 골반이 겁나게 아프다. 잠자는 자세가 바뀌는 바람에 문제가 생기지 않았나 싶은데, 꽉 찬 7개월이라고 하니 정형외과에서는 아예 접수조차 안 받는다.

26주쯤이었다. 반듯하게 누워 자도 아침에 일어날 때 허리 통증이 너무 심했다. 태아와 태아를 둘러싼 기관들의 무게를 잘록(?)한 허리가 감당 못하는 듯했다.

안고 자면 수면의 질이 좋아진다는 바디필로우를 남은 기간 쓰자고 사려니 아까웠다. 마침 집에 있던 긴 쿠션을 바디필로우 삼아 한쪽 끝을 다리에 끼고, 한쪽 끝은 배 아래에 받친 채 옆으로 누웠다. 그렇게 자고 일어났더니 이번엔 골반이 뻐근하고 어깨가 부서질 것만 같았다. 고통스러웠다. 베개를 높이고, 작은 쿠션 하나를 더 가져와 배에 댄 다음 긴 쿠션을 반으로 접어 다리 사이에 끼웠다. 옆으로 누워 자는 건 똑같았다.

1주일쯤 지났을까? 오른쪽 골반이 엄청 아프기 시작했다. 하지만 그보다 더 큰 고통은 따로 있었다. 자는 방향을 바꾸거나 침대에서 일어날 때, 계단을 오르내릴 때마다 비명이 자동으로 튀어나올 만큼 쨍한 통증이 밀려드는 거였다. 그나마 자고 일어나서 평지를 걷는 건 어찌어찌하겠는데, 의자에 앉거나 일어나는 일처럼 지극히 평범하고 일상적인 행동을 할 때마다 닥치는 고통은 정말 참기 어려웠다. 오른쪽 다리에 힘을 주는 순간 너무 아파

풍선 바람 빠지듯 힘이 후루룩 빠져나갔다. 가끔 그런 것
도, 자주 그런 것도 아니었다. 100%였다.

3일 동안 이를 악물고 버텼으나 더 이상은 참을 수가
없었다. 정형외과엘 갔다.

"임신 7개월인데요……."

"아픈 부위가 골반이시면 아기집이랑 가까워 X레이를
찍을 수도 없고, 약도 못 쓰고, 전기 치료도 못해 병원에
서 할 수 있는 게 없어요. 유일한 방법은 온찜질인데, 그
건 집에서 하셔도 돼요. 지금 말씀하신 통증엔 걸어 다
니는 게 제일 안 좋아요."

증상을 들은 간호사가 말했다.

사실, 별 뾰족한 치료방법이 없다는 건 이미 알고 있
었다. 하다못해 자는 자세에 관한 조언을 듣는다든가 물
리치료라도 받을 수 있지 않을까 싶어 갔을 뿐이다. 옆
에 있던 간호사가 측은했는지 통증을 완화하는 뭔 크림
을 이야기하려는 듯했다.

"흡수되면 아기집에 영향을 미칠 수도 있어요."

앞서 대답했던 간호사가 단호하게 말을 잘랐다. 의사 얼굴은커녕 그림자도 못 보고 돌아 나왔다.

내가 하는 모든 행위가 내 몸보다 아기에게 우선 맞춤인 삶이 7개월째인데도 적응이 안 된다. 그들은 어쩌면 할 수 있는 선에서 최대한 배려하면서 나와 아기를 보호하려는 건지도 모르겠으나, 그래도 의사 코빼기도 못 본 채 접수대에서 날 돌려보낼 줄은 몰랐다.

골반이 아플 때 산부인과에서 들을 말은 뻔했다.

"원래 다 그래요."

그게 정형외과로 간 첫 번째 이유였다. 또 하나는 골반 통증에만 집중할 수 있으리라 생각했기 때문이다. 그런데 의사 상담 자체가 불가능하다니 어이가 없었다.

'그래. 아이가 크면서 신경을 누를 수도 있고, 여러 가지 변수도 생길 테니 병원에서도 뭘 어쩌긴 힘들 거야.'

마음을 다잡고 갔음에도 이야기를 듣고 나니 허탈했다.

임신부는 몸이 아플 때면 어쩔 수 없다는 말을 듣거

나, 네이버나 다음 속 선배 엄마들의 경험담으로 상황을 추정해 스스로 통증을 해결할 방법을 찾아야 한다. 불안하지만 이렇다 할 대안이 없다. 아무리 아파도 임신부에게 할 수 있는 처치에는 한계가 있어 견뎌내야만 한다.

유튜브를 뒤져 골반을 여는 스트레칭이나 임신 중에 할 수 있는 골반 교정 요가 등을 해봤으나 효과가 없다. 핫팩은 통증을 조금 완화해 주기는 했지만 양수가 뜨거워질까 봐 오래 대고 있지도 못한다.

정형외과에서 퇴짜를 맞고 돌아왔다.

'안 아픈 쪽으로 옆으로 눕고, 등 뒤에 작고 단단한 베개를 하나 더 대면 근육에 힘이 들어가지 않게 천천히 기대면서 자세를 바꿀 수 있지 않을까?'

어떻게 하면 고통스럽지 않게 눕고 일어날 수 있을까 생각했다. 이런저런 시행착오를 거치다 보면 조금은 덜 아프게 일어나고 누울 수 있을지도 몰랐다.

하필 남편은 필요할 때면 해외출장이다. 앉고 설 때마

다 그의 팔을 빌어 기대면 좀 나은데 그럴 수도 없다. 집에 덩그러니 혼자 남아 비명으로 구석구석을 채우는 꼴이라니……

한심스럽던 찰나 벨이 울렸다. 최대한 아프지 않게 아주 천천히 일어났다. 부서질 듯 세차게 문을 두드리는 소리가 들렸다. 인터폰 화면 속으로 두 손 가득 뭔가를 들고 있는 엄마 아빠가 보였다.

물건을 받아놓고 절뚝거리며 힘겹게 걸어다니는 딸을 보고 엄마가 눈물을 흘렸다. 그때였다.

"난 임신한 여자들 얼굴이 한 8개월쯤 되면 그렇게 편안해 보이더라."

아빠의 어처구니없는 한마디가 그렇잖아도 폭발 직전인 내 머리 뚜껑을 확 열어젖혔다.

'아, 아버지. 나이 마흔에 아이를 가진 딸이 7개월 막바지 골반이 아파 제대로 걷지도 못하거든요. 그런 딸을 보면서 어찌 모성애는 모든 고통도 참고 이겨내 마침내 평온해진다고 태연자약 말할 수가 있나요? 혹 아이가 성격이 급해 회사에 휴직하기로 한 날보다 빨리 나오면 어쩌나, 이 아픈 골반을 달고 출산까지 앞으로 남은 두 달여 동안 제대로 출근을 할 수는 있을까, 밤잠을 못 이루는 딸을 아빠는 생각해 보셨나요?'

온갖 걱정은 차치하더라도 버스를 타고 내리는 그 단순한 동작들만으로도 앞으로 받게 될, 길고도 긴 그 고통의 시간이 너무나도 끔찍한데, 엄마가 된다는 사실 하나만으로 행복할 거라는 아빠의 낭만적인 태도는 도대체 어디서 비롯된 건지……. 딸의 몸과 삶의 변화는 안중에 없이 걸음걸음을 비명으로 버티는 딸 앞에서 그런 말을 할 수 있다니 충격이었다. 아빠도 보고 싶은 대로 보는 남자구나 싶었다. 마치 남처럼…….

'그래요, 아빠. 백번 양보해 그 나이쯤 되는 분들은 그렇게 생각할 수 있다고 쳐요. 근데 나는 딸이잖아요. 힘들어하면 걱정부터 해야 하는 것 아닌가요? 어떻게 그래도 행복할 거니까 참으라는 식의 말을 할 수 있죠? 그것도 고통스러워하는 딸을 보며 눈물을 훔치는 엄마 앞에서? 아, 그리고 편안해지든 말든 내가 지금 아프다잖 아요! 아파서 일어날 때마다 비명이 나온다잖아요! 근 데 그게 무슨 멍멍이 풀 뜯어 먹는 소린가요?'

툭 치면 금방이라도 소나기처럼 온갖 험한 불평불만 이 입 밖으로 쏟아져 나올 것만 같았다.

사실, 아빠가 뼈에 새긴 훈장처럼 자랑삼는 일이 있 다. 임신 중인 엄마가 만두를 먹고 싶다고 했을 때였더 랬다. 12시 코앞까지 친구들과 술을 마시고 들어오다 이 미 셔터가 내려진 가게 문을 발로 차 만두를 사왔다고 했다. 임신한 아내를 위해 만둣집 닫힌 문에 발길질까지 할 만큼 필사적이었다나!

늦게까지 술을 안 마셨으면 민폐를 끼칠 일도 없고, 엄마도 먹고 싶을 때 만두를 먹을 수 있었는데, 남자들 은 거기까지는 생각이 미치지 못하는 모양이었다. 부른 배를 받쳐 잡고 집안을 쓸고 닦으며 만두를 들고 들어올 남편만 오매불망 기다리는 아내는 친구들과의 술판 다음 차례였다.

아빠의 어이없는 한마디에 무릎 꿇고 방 닦던 시절 지난한 엄마의 삶이 눈앞에 쫙 펼쳐졌다.

쓸데없이 낭만적인 언사들이 이번이 처음은 아니었다. 5개월 차에 불쑥 내뱉어 내 속을 한번 뒤집었다. 그때도 당신 딸은 아니라고, 하루하루가 너무 괴롭고 힘드니 그런 시답잖은 소리 하지도 말라며 비난의 화살을 퍼부었는데, 까맣게 잊은 듯했다.

'남도 아닌 아빠에게 그런 말을 또 듣다니…… 아빠에게, 남자들에게 임신이란 원래 그런 것일 뿐인가?'

어려서부터 딸바보 아빠라고 생각했다. 어떤 순간에도 내 걱정을 먼저 하던 아빠였다. 하지만 그도 그저 예쁜 손주를 만날 생각만 하는 할아버지이자 남자였다는 사실을 확인해 버렸다.

곤히 잠들었다가도 작은 소리라도 낼라치면 후다닥 일어나 내 몸을 살피는 남편, 아파하는 내 모습을 가만히 지켜보는 것 말고는 아무것도 해줄 수 없어 너무나 속상하다는 남편이 새삼 눈물나게 고마웠다.

여자라면 다 겪는 일인데 뭐 그리 유난을 떠냐는 말을 좀 많이 예민한 것 같다고 돌려 말하는 아빠. 마주하기가 괴롭다.

∞
막달,
밀려드는 공포

집에서 사무실까지 버스 기다리는 시간을 빼면 도어 투 도어로 30분이다. 느릿느릿 걸으면 40분쯤 걸리는데, 출퇴근 시간으로는 아주 나이스한 거리다. 도어 투 도어가 1시간이 안 되는 건 서울살이에선 축복이나 다름없다.

하지만 그 짧은 시간에도 곳곳에 난관이 도사렸다. 집에서 지하철역까지 가려면 10분 정도 버스를 타야 했는데, 그 코스가 참 지랄 맞다. 올림픽대로를 올라타 가다가 여의도로 진입할 때의 길이 거짓말 조금 보태 강원도 산길만큼이나 꼬불꼬불하다. 그러니 좌우로 요동치는 버스 안에서 넘어지지 않으려면 온몸에 힘을 바짝 주고 바닥에 착 달라붙듯 서 있어야 했다.

임신 초기엔 그러다 픽픽 쓰러지는 바람에 결국은 택시를 타고 다닐 수밖에 없었다. 중기에는 양보하는 승객들도 많고 몸도 버틸 수 있을 만큼 나아져 타고 다니는 데 무리가 없었으나, 8개월 차에 접어드니 몸이 맘대로 컨트롤되지 않았다.

겨우겨우 도착한 사무실에 앉아 두어 번 헉헉대고 나면 예전처럼 미주신경성 실신이 다시 나타났다. 그런데 전과는 조금 달랐다. 버스에서 내려 잠시 쉬면 증상이 사라졌던 그때와 다르게 꽤 오랫동안 숨이 차고 어지러웠다.

막달 들어서기 얼마 전이었다. 사무실 도착이 평소보다 5분쯤 늦을 것 같았다. 거기서 더 늦으면 지각이라 씩

씩거리며 부지런히 몸을 움직였다. 버스에서 이미 숨차고 어지러웠지만 얼마 안 가 사무실이니 괜찮겠다 싶어 열심히 걸었다. 그렇게 도착해 자리에 앉았다.

20분이 지났다. 그래도 여전히 증상이 가라앉지 않았다. 마침 행사가 있는 날이라 보스가 관련 자료를 주러 다가왔다. 일어나지도 못한 채 창백한 얼굴로 의자에 쓰러져 있다시피 했다. 상황을 설명할 기력도, 일어날 힘도 없었다. 짧은 거리에 앉아 있던 팀장이 화들짝 놀라 달려와서는 나를 감싸며 말했다.

"이 친구, 오늘 상태가 무척 안 좋네요."

그러고도 한 10여 분은 맥을 놓은 채 더 앉아 있었다. 정신은 있는데 몸이 움직이지 않았다. 예전 증상과 달라 깜짝 놀랐다. 막달에는 워낙 어디서 어떤 일이 어떻게 일어날지 모른다고 들었지만, 8개월 차부터 그걸 경험을 하게 될 줄이야!

다시 택시 출근을 시작했다. 아침마다 택시를 부르는 건 번거로운 일이었지만 선택의 여지가 없었다. 그날그

날 몸 상태가 달라질 수 있다고는 생각했지만, 회사 사람들이 다 보는 중에 정신줄을 놓을 줄은 꿈에도 몰랐다.

막달엔 그뿐만이 아니었다. 타고나길 냉랭한 몸이라 사십 평생 땀과 열을 걱정해 본 역사가 없었는데, 열이 나도 너무 났다. 사무실 에어컨은 켜졌다 꺼졌다를 반복했다. 재킷을 걸치면 덥고 벗으면 추웠다. 게다가 아랫배 쪽에서만 움직이던 놈이 덩치가 커진 때문인지 온몸을 활용해 요동을 쳤다. 그 바람에 가슴팍 아래쪽이 슬금슬금 결리더니 급기야 갈비뼈 위쪽으로까지 통증이 박차고 올라왔다.

"아가야, 왜 이렇게 엄마를 힘들게 하니? 네가 건강한 건 반갑다만 엄마는 평소보다 훨씬 빨리 숨차고 땀나고 지친단다."

엄마 좀 봐 달라고 사정이라도 할 판이었다. 손목, 발목 관절도 영 뻐근했다. 근육을 이완시키고 통증을 완화해 준다는 파라핀베스에 눈이 쏠렸다. 사고 싶어 온몸이 근질근질했다.

출산 가방도 슬슬 정리해야 하고, 아기가 태어나기 전 준비해야 할 소소한 물품들도 사놓아야 했다. 할 일은 많고, 시간은 다가오고, 몸은 힘들다. 그래도 빌 건 빌었다.

"머리가 커도 좋으니 주 수는 꼭 채워 나와야 한다!"

더디다 싶으면 훅 지나가고, 빠르다 싶으면 거북이 걸음처럼 시간이 흘렀다.

'이 몸, 이 배 사진을 남기는 게 무슨 의미가 있어. 그 돈으로 소고기 사 먹고 신나게 노는 게 남는 거지.'

그토록 사진에 집착하던 내가 만삭 사진엔 막상 아무런 관심이 없는 걸 보니 뒤죽박죽인 시간의 흐름이 나까지 이상하게 만들었나 보다.

그러다 우연히 제왕절개 수술 영상이 눈에 띄었다. 이제껏 본 영상들을 통틀어 가장 충격적이었다. 어떤 막에 감싸진 덩어리가 여자의 갈라진 배를 비집고 나왔다. 그리고 의사가 터트렸는지 스스로 터졌는지 알 수 없는 얇

은 막이 툭 터지더니, 아이를 감싸고 있던 물이 주르륵 흐르면서 미끄러지듯 스르륵 아기가 나왔다. 시선이 산모의 몸으로 옮겨갔다.

'아, 저렇게 길쭉하게 찢어지는구나. 내 몸이 곧 저렇게 될 수도 있겠구나……'

달궈진 솥 안 콩이 튀듯 심장이 뛰었다. 무서웠다.

'자연분만은? 그 좁은 문이 아기 머리가 나올 만큼 넓어질 수 있을까? 자궁을 박차고 나오기에 그 문은 너무 작을 거야!'

아이가 스트레스를 덜 받는 건 역시 제왕절개가 아닐까 싶었다.

'어떤 식이든 내 아이도 그렇게 세상에 나오겠지!'

컴퓨터 포털 검색창으로 온갖 육아템들이 들락거렸다. 삶의 질을 높일 수 있는 물건이라면 아낌없이 산다는 임산부들의 말이 굳이 설명을 듣지 않아도 단박에 이해되었다. 어쨌든 시간은 흐르고 있다.

비장한
미니멀리스트

'소비지향형 인간!'

바로 나다. 많은 종류의 물건들에 그렇지만 옷, 화장품, 신발에는 특히 심하게 소비를 지향하는 편이다. 그런데 임신을 확인하는 순간부터 만사가 귀찮고 힘들어 쉴 수 있는 모든 순간을 누워서 보냈다. 게다가 부르지도 않은 '게으름'이라는 놈까지 몸 안으로 들어와 똬리를 틀었다.

타고난 체력과 에너지는 30대 중반에 이미 방전돼 버렸다. 그 후로는 어쩔 수 없이 사람을 만나거나 새로운 걸 배워야 할 때면 나라라도 구할 듯 큰 결심을 해야 했다. 그러고는 필요한 활력을 최대한 쥐어짜냈다. 그 와중에 결혼, 이사, 논문 마감이 한꺼번에 들이닥쳤다. 생애 최고로 바빴다. 덕분에 그나마 남았던 약간의 체력마저 바닥으로 곤두박질쳤다. 결혼하고 나서는 밤 9시면 나가떨어졌다. 한계에 부딪힌 체력을 보충하려 보약과 홍삼을 입속으로 때려 부으며 버텼다.

젊은 친구들과 일하다 보면 '젊음'이 주는 절대적인 에너지에 주눅들 때가 가끔 있다. 그런데 임신을 하고 보니 뱃속 아기가 발산하는 에너지는 그에 비할 바가 아니었다. 그리고 그만큼의 에너지가 몸속에서 허공으로 빠져나갔다. 상상 이상의 에너지 소비를 불러왔다.

퇴근 뒤 시간은 시종일관 '눕기'로 점철되었다. 씻기도 먹기도 귀찮았다. 기초화장품을 일곱 개씩이나 발라대던 내가 선블록조차 닦기 귀찮아 양산을 썼다. 언감생심 팩은 고사하고 퇴근 후 얼굴에 물이나 끼얹었으면 다행이었다. 그런데다 호르몬 변화가 원인으로 추정되는 트러블까지 생기기 시작하니 얼굴에 더는 아무것도 바르고 싶지 않았다.

임신 5개월째, 선블록을 다시 집어들 때까지 계속 그랬다. 사실, 귀찮기는 그때도 마찬가지였는데, 더 이상 그냥 두면 안 될 것만 같았다. 방에 있던 화장품 몇 개를 욕실로 옮겼다. 얼굴을 대충 씻고 난 그 자리에서 손만 뻗으면 바로 바를 수 있도록, 움직임을 최소화하는 방식으로 환경을 바꿨다.

화장대를 점령한 10개가 넘는 화장품들, 욕실 한 면을 가득 채운 오만 가지 팩과 클렌징 제품들 위로 뽀얀 먼지가 쌓였다. 9개월째다. 쓸데없이 많은 물건을 가지고 있다는 생각이 들었다.

'두 개의 상자 안에 가득 들어 있는 샘플은 대체 어느 세월에 쓰며, 작은 플라스틱 수납장에 한가득 든 화장품은 또 언제 쓸 것인가! 게다가 종류별로 자리를 차지하고 있는 저 팩들, 샴푸들, 트리트먼트들은 또…… 아, 난 왜 이렇게 물건의 숲에 둘러싸여 사는 걸까? 부질없이…….'

트러블 잡는다고 산 화장품들마저 절반이 훨씬 넘게 남았다.

'가을 되기 전 원 플러스 원으로 쟁여둔 보습용 화장품도 그냥 50% 세일할 때 1개만 사면 되는 거였어.'

쓰지 않으니 사는 게 확연히 줄어 새로 산 게 전보다 훨씬 적은 편임에도 그 지경이었다.

옷도 다르지 않았다. 배가 불러오고 몸이 무거워지면 입을 수 있는 옷과 없는 옷이 명확해진다. 아기가 태어나고 복직 시점이 된다 한들 예전 몸으로 돌아간다는 보장이 없다. 그때가 되어봐야 안다. 그러면서도 겨우 다리 하나 들어갈 만한 원피스와 어깨조차 못 덮을 재킷을 사재다 7개월이 지나서야 깨달았다.

'미쳤구나. 옷장 안 가득 쌓인 옷들을 두고 어쩌면 입지도 못할 것들을 저렇게나 사들이다니!'

임신부에게서 흔히 볼 수 있는 호르몬으로 인한 감정 기복이 나에게는 나타나지 않는다고 생각했다. 하지만 웬걸! 기복을 열심히 메워주는 신용카드 덕에 느끼지 못했을 뿐이었다.

냉정(?)하고 예리한 눈으로 욕실과 방을 획획 둘러보았다. 각종 팩과 화장품들이 눈에 들어왔다.

'저것들 다 쓰고 나면 괜스레 자잘하게 여러 개 사지 말고 마사지 크림 하나와 비타민 팩 하나 정도만 사야지. 화장이라고는 어차피 선블록 정도니 클렌징도 예전에 사다 둔 뷰티바 정도면 충분할 거야.'

터져나가기 직전인 옷장과 신발장도 더는 두고 볼 수가 없었다.

'그래. 안 입은 지 3년 넘은 옷들도 이참에 정리하자. 구두 중에서도 힐은 이제 더는 못 신는다. 결혼식에 가거나 할 때를 빼고는 이미 안 신은 지 오래다. 아이를 안거나 업고는 신을 수도 없다. 무거운 가방도 들기 어렵다.'

가죽에 집착하던 삶에서 벗어나 조금은 자유로워지는 듯했다.

'수납장 한가득인 쇼핑백도 정리해 버리자. 어차피 안 쓴다. 언젠가 쓰겠지라는 생각이 제일 위험하다.'

이런 데에는 이유가 있다. 집안 곳곳에 여기저기서 물려받거나 새로 사들인 아기 물건이 숲을 이루기 시작한 때문이다. 물건들을 옷방으로 넣기로 했다. 도배도 안 하고 이사 온 집이라 그 전에 도배를 비롯해 이런저런 처리들을 해야 했다. 그러다 보니 안 그래도 난장판인 집 꼴이 더 가관이었다. 왜 이렇게 사나 싶었다.

'그나마 얼마 안 남은 내 에너지는 이제 곧 태어날 놈이 다 가져가겠지. 지금 안 하면 영영 집을 못 치울지도 몰라.'

나는 비장한 미니멀리스트가 되었다.

제왕절개 할 거야!

"아들이야, 딸이야?"

임신을 하니 제일 많이 듣는 질문 중 하나가 되었다. 이 질문의 예의 없는 버전이 있다.

"애는 뭐야?"

세상에 애가 뭐냐니? 무슨 물건인가? 무례의 끝판왕이다. 그런데 출산이 가까워지자 거기에 질문 하나가 더 붙었다.

"자연분만 할 거야, 제왕절개 할 거야?"

내가 아이 낳는 방식이 왜 그리 궁금한지 잘 모르겠으

나 여기까지는 양반이다. 제왕절개를 생각하고 있다고 대답하면 출산 경험자든 아니든 열 중 일곱은 이렇게 말한다.

"그래도 자연분만이 낫지."

대단한 오지라퍼 나셨다.

나는 제왕절개를 선호한다. 이유는 아주 단순했다. 어차피 아흔 넘겨 살게 될 인생에서 짧으면 2주, 길어도 1년은 그리 많은 시간이 아니다. 그동안을 제왕절개의 후유증에 시달린다 해도 예측 가능한 분만을 하고 싶어서다. 여섯 시간이 될지, 열 시간이 될지, 서른 시간이 될지 모를 고통스러운 분만의 시간을 겪고 싶지 않아서다. 그로 인해 짊어지고 가야 할 요실금이나 치질 같은 부수적인 병들을 안고 가기도 싫어서다. 그런 증상들을 달고 사는 출산 이후 삶보다는 제왕절개의 짧은 후유증을 겪어내는 게 낫다.

보통 엄마의 자궁이 열리면서 질을 통해 아기가 태어

나는 걸 자연분만이라고 한다. 그런데 과연 그것만이 꼭 인간이 추구해야 할 분만의 방식일까? 그것만이 불변의 진리인 듯한 사회의 암묵적인 강요가 나는 심히 불편하다. 정확한 얘긴지 모르겠으나 일본에서는 제왕절개 선택이 어렵다고 들었다. 맞는다면 여러 가지로 참 피곤한 나라다.

요즘은 자궁을 포궁, 자연분만을 질식분만이라고도 한다지만, 아직 내 주위에서 그런 말을 쓰는 사람은 못 보았다. 자연분만이 자연의 섭리일 수는 있다. 하지만 정답은 아니다. 내 생각은 그렇다. 정할 수 있는 내 삶의 방식은 나 스스로 정하고 싶다. 분만과 출산도 그중 하나다.

'자연주의 분만이든, 수중분만이든, 질식분만이든 다른 분만의 방식에 비해 유독 제왕절개를 비난(?)의 대상으로 삼는 이유는 여자가 맨정신으로 직접 통증을 감당하지 않기 때문일 거야.'

제왕절개로 태어난 첫 인물이 누군지 아는가? 로마를

지배한 카이사르다. 그런데도 같은 여자들마저 진통의 고통을 인내하지 않았다고, 그 과정을 스킵했다고 진정한 분만이 아니란다. 깊이 뿌리 내린 그 생각을 어쩔 수가 없다. 이런 세상이라니!

물리적으로는 통증이나 피곤, 심리적으로는 전에는 겪어보지 못한 걱정이 있었다. 그리고 내내 그것을 호소했다. 하지만 실상 가장 힘든 건 그게 아니었다. 40년 동안 한 인간으로 존재해 오던 내가 깡그리 사라지고 아기의 '모체' 그 이상도 이하도 아니게 되어 버린 현실이었다. 내가 결정할 수 있는 일은 스스로 결정하는 삶을 살려 최선을 다해 왔는데, 임신은 완전히 반대의 삶을 요구했다.

질식분만이 아닌 다른 출산방식을 선택했다는 이유만으로 누군가에게 밑도 끝도 없는 질책을 듣는다. 임신 후에 행한 모든 의사결정에 외부의 압박이 가해진다. 내 결정을 일말의 타당성이나 근거도 없이 잘못이라 여기는 문화와 사람들에게 질린다.

'왜 이 나라에서는 임신한 순간부터 나는 사라지고 엄마만 남을까?'

9개월쯤 되면 적응할 만도 한데 쉽지 않다. 그러니 제발 남이야 애를 어떻게 낳든 묻지 말길 바란다. 모든 건 산모의 선택이다. 내 출산방식을 내가 정하는 게 잘못은 아니지 않은가!

마사지의 맛,
돈의 달콤한 유혹

　　16주쯤에는 조리원을 예약해야 한다는 말을 들었다. 차일피일 미루다 20주가 넘어서야 조리원을 알아보기 시작했다.

　조리원 선택의 내 기준은 이랬다.

　'어차피 아기 케어에 아주 큰 차이는 없을 것이다. 조리원 비용의 높낮이는 시설이나 위치 때문이라고 봐야 한다. 나에게 시설의 현란함이나 위치는 중요치 않다. 그렇다면 마사지 같은 부대 서비스를 보고 선택하는 게

맞다.'

집에서 제일 가까운 조리원을 알아보았다. 시설이 아주 좋았는데, 2주에 400만 원! 가격이 상상을 초월했다. 그럼에도 내가 들어갈 예정인 기간에는 이미 마감된 지 오래란다.

'세상에나!'

또 한 번 깜짝 놀랐다.

몇 군데를 더 돌아보았다.

집에서 거리가 좀 있고 건물이 살짝 오래된 A는 전체 비용은 물론 옵션인 마사지 값도 저렴했다. 또 다른 두 개는 집에서 큰길 따라 곧바로 쭉 가면 나오는 작고 오래돼 보이는 B, 지하철로 대여섯 정거장 떨어졌으나 새 건물에 새로 생긴 곳이라 그런지 생각보다 비싼 C였다.

시설은 좀 낡았어도 비용 대비 가성비 높은 A로 결정했다. 게다가 마사지로도 유명했다. 기대되었다. 출산 후 마사지를 얼마나 꼼꼼히 받느냐에 따라 회복 속도가 다르다고 들었기 때문이다.

아기를 낳고 나면 육아휴직 등으로 한동안은 수입이 감소할 수밖에 없다. 쓸 때 써야 한다며 지르는 성향인 나로서는 그게 큰 걱정이었다. 경제적인 문제에서 단 하루라도 빨리 벗어날 방법은 이른 회복뿐!

조리원 마사지는 출산 전 세 번, 출산 후 여덟 번 받는 걸로 짜인 프로그램이었다. 출산 전 세 번을 출산 후로 미루고 싶었지만 안 받으면 소멸하는 조건이라 그렇게는 안 된단다.

사실, 몸이 탱탱 붓기 시작한 지 이미 꽤 되었다. 마사지로 붓기를 좀 가라앉힘으로써 아픈 손가락 마디나 다리가 일시적으로나마 나아진다면 산전에 받는 것도 나쁘지 않았다. 그런데 배와 가슴, 골반, 발과 발바닥은 건드릴 수 없고, 목 뒤부터 허리까지의 등 부분과 팔다리만 한다고 했다. 붓기를 다 빼기는 어렵겠다는 생각에 아쉬웠지만, 자궁 수축을 자극할 수 있는 부위는 마사지를 할 수 없다니 받아들일 수밖에.

초산에는 늦는다던 태동이 남들보다 2주는 빨리 시작되었다. 아기가 움직일 때마다 내장을 막 훑고 다니는 것만 같았다. 뻐근하다 못해 온몸이 아팠다. 종일 앉아 일하다 퇴근길 택시에서 몸을 좀 뒤로 기대거나 집에 와 침대에 누우면 더 난리를 쳤다.

"온종일 나를 이렇게나 피곤하게 만들어놓고 엄마는 눕는다고? 그렇게는 안 될걸. 엄마도 한번 겪어 봐!"

복수라도 하듯 뱃속을 돌아다녔다. 그런 상황에서 마사지를 받으려면 1시간이나 누워 있어야 했다. 그 시간 내내 뱃속에서 아기가 요동쳐 참을 수 없는 고통이 오면 어쩌나 싶어 긴장이 최고조에 달했다.

마사지가 시작되었다. 따끈따끈한 베드에 거의 자연인에 가까운 모습으로 누워 있는 내 몸에 마사지사의 손길이 닿았다. 걱정은 기우였다. 뱃속 놈은 가만히 있다가도 그녀의 손길이 등짝과 다리를 누비기 시작하면 마치 뭐라도 느끼는 듯 그 길을 따라 느긋하게 천천히

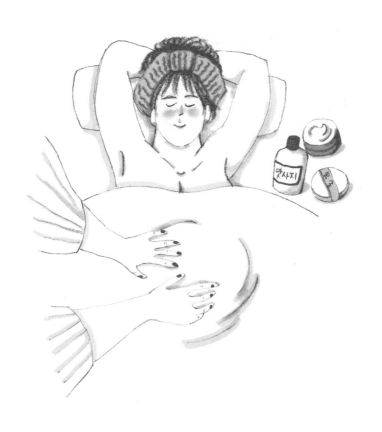

움직였다. 퇴근 후 침대에 누우면 비명이 나올 만큼 팔다리를 사방으로 격하게 뻗대던 놈은 온데간데없었다.

'허, 참! 요 조그만 게 엄마의 감정과 컨디션 변화에 맞춰 움직이네.'

긴장된 회사 일로 엄마가 피곤하고 지치면 자기도 피곤해서 짜증을 낸 거였다. 엄마가 따뜻하고 안락한 곳에서 마사지를 받고 늘어지면 같이 늘어져 주는 거였다. 다른 산모들은 오래 누워 있으면 태아가 힘들어하기도 한다는데, 이놈은 마냥 느긋이 움직여 주니 고마웠다.

싸야 1회에 6~7만 원, 비싸면 20만 원까지도 한다는 조리원 마사지를 즐길 줄 아는 태아 덕분에 걱정 한가득이던 출산 전 마사지를 무사히 받았다. 몸에 붙은 부기가 확 빠지거나 하지는 않았지만, 마사지를 받는 그날만큼은 몸이 훨씬 가벼웠다.

"꼬마 인간. 같이 늘어져 준 덕분에 엄마도 참 편했어. 고마워!"

이런
다이나믹함이라니!

육아휴직 기간. 고려할 게 어찌나 많은지 내내 결정을 못 해 갈팡질팡했다.

'출산휴가 3개월.'

'출산휴가 3개월에 육아휴직 9개월.'

'출산휴가 3개월에 육아휴직 1년.'

세 가지 옵션 중 하나를 선택하려 엑셀을 띄워놓고 가능한 모든 경우의 수를 다 두들겨 넣었다.

'아, 정말 어렵다.'

머리가 깨졌다.

'아이에게 들어가는 비용은 아이 앞으로 나오는 수당
으로 지출하면 된다. 집 대출금은 육아휴직을 하면 원금
상환을 미룰 수 있다. 그래도 관리비와 각종 공과금, 건
강보험, 태아보험 등을 생각하면 한 달에 나가는 비용이
만만치 않다. 또 대출 이자는 계속 내야 하니 모두 합하
면 수백만 원이다.'

휴직은 경제적 타격이 너무 큰 의사결정이었다. 출산
휴가 석 달은 급여의 변동 없이 기존 수입을 그대로 유
지할 수 있지만, 그 기간이 지나면 반 토막 나기 때문이
다. 게다가 일부 수당은 복직해야 받을 수 있어 실질적
으로는 1/3토막이나 마찬가지다. 거기서 또 3개월이 지
나면 진짜 1/3이 된다.

프리랜서인 남편은 상반기가 특히 한가한데, 그때는
수입이 아주 적을 수밖에 없어 내가 대부분의 지출을 감
당해야 한다. 엑셀에 얼마가 나올지도 모를 연말정산 환
급액까지 넣었다. 그의 벌이로 1년 치 이자만 낼 수 있다

면 어찌어찌 먹고살 수는 있을 것도 같았다.

생활에 여유를 가지려면 3개월 만에 복직해야 했다. 그러면 남편 혼자 독박육아다. 6개월 지나고부터 한 시간만이라도 어린이집에 보낼 수 있다면 그렇게도 해보고 싶지만, 된다 해도 아기를 생각하니 결정이 쉽지 않다.

보통의 집들과 반대인 상황이 어떤 부작용을 불러올지 나는 안다. 남편은 체력소모는 물론, 아이에게 시달리다 우울증에 빠질 수도 있다. 그 심각성 정도에 따라 시부모님이 개입할지도 모른다. 또 그의 프리랜서 경력에 여자들이 출산 후 겪는 경력단절만큼이나 큰 타격을 줄 수도 있다. 그러다 자존감마저 떨어지면 부부 사이에 균열이 생길 수도 있다. 그렇게 되면 최악이다.

어딘가에 적을 둔 나와 달리 남편은 일 속에서 움직여야만 자신의 가치를 느끼는 프리랜서다. 사회적으로 인정받는 일인지 아닌지, 돈을 적게 받는지 많이 받는지는 중요치 않다. 정규직의 나라 대한민국에서 결혼과 대출,

이사 등을 통해 본인의 위치가 어디쯤인지를 이미 뼈저리게 겪은 터였다. 경력단절 상황까지 가면 가정경제는 차치하고 정신이 피폐해질 수도 있다. 꼭 그런 이유가 아니라도 나도 싫은 경력단절의 상황을 그에게 겪게 하는 건 옳지 않았다.

경제적 손실을 감수하고라도 신생아 시기 1년을 함께 보내기로 했다. 실질임금이 1/3토막 나고, 각종 수당이 사라지며, 상여도 당연히 못 받지만, 그로 인해 대출 원금의 상환을 미루면 결과적으로 거의 천만 원에 가까운 이자를 더 내는 꼴이지만, 그게 코딱지만 한 내 월급 몇 개월 치를 고스란히 날리는 일이나 다름없지만, 그래야 했다. 그게 맞았다.

애초에 아이가 성장하는 모습을 낱낱이 지켜본다거나 하는 낭만적인 발상은 휴직 기간 결정에 영향을 미치는 요소가 아니었다.

휴직 1년을 결정하기까지 엑셀 차트는 몇 번이나 우왕좌왕 요동을 쳤다. 예상치 못한 비용의 변수가 속속

나타났다.

'입이 하나 더 느는 데다 내가 집에 있으니 그만큼 식비가 늘어나겠지. 먹어만 준다면 경제적인 이유로라도 모유 수유를 해야 하네. 각종 육아용품도 시시때때로 필요할 텐데…… 중고장터를 전전하는 것도 분명 한계가 있을 거야. 겨울이면 난방비도 늘 테고…….'

남편이 지금 맡고 있는 각종 비용들을 제외하고 내가 해결해야 할 돈이 대략 월 200만 원쯤 되었다.

"그 정도면 1년하고 조금은 더 버틸 수 있지 않을까? 아이가 자라는 모습을 못 보면 자기가 너무 속상할 것 같아."

그가 말했다.

아이의 성장을 꼭 붙어 지켜보기보다는 이미 엑셀에 초점이 맞춰진 내게 그 시간은 사치라고 생각되었지만, 그럼에도 몇 달간 고심해 마침내 결정한 결과를 회사에 전했고, 회사는 1년 계약직 직원을 뽑기로 했다.

드디어 1년 동안 나를 대체할 사람이 뽑혔다. 그에게 일들을 하나씩 전수하기 시작했다. 인수인계 기간이 끝나야 휴직에 들어가는데, 휴직 개시일과 출산예정일 사이가 고작 10일뿐이다. 출산을 준비하기엔 물리적으로나 정신적으로나 너무 짧다. 그나마 인수인계 기간이 2주인 게 얼마나 다행인지 모른다.

아, 그런데…… 재수가 없으면 뒤로 자빠져도 코가 깨진다고 했던가. 출근 4일 만에 후임자가 퇴사를 선언해버렸다. 불합격 통보를 받은, 우리 회사 입사 전 면접 본 곳에서 다시 연락이 왔다며 미안하단다. 어디 가서 손부끄럽지 말라고 명함 파준 지 하루도 안 됐는데…….

누가 뭐라 할 수 있겠는가. 그에겐 삶의 방향을 좌우할 수도 있는 아주 중요한 결정의 순간이거늘!

"젠장, 망했다!"

순간 배에 쨍한 통증이 일었다. 뭉치는 듯했다. 출산이 한 달도 안 남은, 37주 더하기 4일이라는 임신 기간 중 가장 격한 태클이 들어왔다.

'내게 왜 이런 시련이…….'

작은 조직의 특성상 동료가 업무를 대신할 수도 없다. 그들 각자가 해야 하는 일만으로도 차고 넘친다. 다행히 며칠 앞으로 다가온 큰 행사는 얼추 준비해 놓아 치르는 데 문제가 없다. 또 시간이 촉박해도 사람은 뽑힐 것이다. 하지만 그때까지는 꼼짝없이 일을 해야만 하는 각이다.

'아, 짜증! 나는 마지막까지 일할 팔자인 건가!'

병원에서 아기가 빨리 나올 수 있다고 했다. 자궁문이 이미 좀 열렸고, 아기가 아래로 많이 내려왔다고 했다. 몸으로도 느껴졌다. 자궁 수축 빈도가 심상치 않다며 내진하던 의사가 해외 출장 간 남편은 언제 돌아오냐고 세 번이나 물었다.

'자꾸 묻는 걸 보니 예정일 훨씬 전에 아기를 낳을 수도 있겠구나.'

불안이 엄습했다.

버릴 물건은 버리고 사무실 책상을 깨끗이 비웠다. 외장하드도 주문했다.

'외장하드에 데이터만 옮기면 준비는 끝이다. 이런저런 연락망만 정리하고 후임자만 오면 업무에 큰 공백이 생기지는 않을 텐데, 빨리 못 구하면 집에서 인수인계를 해야 할지도 모른다.'

다이나믹도 이런 다이나믹이 없다!

넌 다 계획이
있구나

　　"3개월만 휴직하면 안 될까? 다시 한 번만 생각해 봐."

　월요일에 출근한 계약직 후임자가 목요일에 그만두자 회사는 1년이 아닌 3개월 휴직을 권했다. 지난 몇 달에 걸쳐 계산기를 두들기고 또 두들겨 결정한 1년 휴직인데다 내일 당장 애가 나온대도 이상할 것 없는 시기인지라 그 말에 가슴이 철렁했다. 받아들이면 출산 예정일이 20일도 채 안 남은 순간까지 억척스럽게 버티면서 세웠던 계획 모두가 수포로 돌아가 버린다.

"지금 당장 결정할 수는 없을 것 같아요. 혼자 한 결정이 아니라서요. 남편과 상의하고 말씀드릴게요."

세상이 온통 심란했다.

동료들과 회식을 겸한 송별회를 치르고 난 금요일 저녁, 고된 해외출장을 마치고 돌아온 남편에게 회사의 제안을 이야기했다. 나와 함께 보내는 시간이 길어질수록 삶의 질이 높아지는 그에게는 그야말로 청천벽력일 수도 있었다. 하지만 한 사람은 출산을 앞둔 무거운 몸에 빡빡한 업무로, 또 한 사람은 긴 출장에 누적된 피로로 대화도 몇 마디 못 한 채 나가떨어지고 말았다.

토요일에도 몸은 계속 늘어졌다. 일주일 쌓인 피로는 하루 만에 풀리지 않았다. 어림도 없었다. 토요일은커녕 어지럼증 때문에 일요일 저녁까지도 정신을 못 차렸다.

주말의 막바지. 아기가 세차게 발길질을 해댔다. 충격에 몸이 비틀렸다. 너무 아파 거실 바닥을 데구루루 굴렀다. 갑자기 뱃속에서 뭔가 툭 끊어지는 것 같더니 아래로 물이 쏟아졌다. 소변일 리는 없다. 그렇다면 확신컨대 양수다! 다리를 타고 물 흐르듯 양수가 흘러내렸다.

'인수인계할 사람도 없고, 예정일까지는 아직 2주나 남았는데…… 이런 젠장!'

생각과 동시에 말이 튀어나왔다.

"자기야, 나 양수 터진 것 같아."

48시간 안에 아이를 낳아야 한다. 지난번 진료 때 이미 언제든 아이를 낳아도 이상하지 않다고 생각한 터였다. 일반적인 분만 과정을 미리 찾아보면서 마음의 준비도 했다.

남편은 나와 달랐다. 그에겐 너무나 갑작스러운 일이었다. 우당탕탕 난리가 났다.

'애는 내가 낳는데…….'

헛웃음이 났다. 하얗게 질린 그를 먼저 진정시키고 병원에 전화했다.

"양수가 터졌어요."

"한두 시간 경과를 지켜볼게요. 양수인지 아닌지 확인이 필요하거든요."

'양수인지 아닌지? 아니, 이게 양수가 아닐 수도 있다는 말인가? 만약 아니라면 내가 오줌을 쌌다는?'

어이가 없었다. 부글부글 속이 시끄러웠다.

1시간쯤 지나니 산모용 패드 세 장이 흥건해졌다. 병원에 다시 전화를 걸었다.

"입원 준비해서 오세요."

밤 12시였다. 마지막으로 캐리어를 한 번 더 점검하고 말 많던 타다를 불렀다. 차를 갖고 가면 주차하랴 뭐하랴 시간이 더 걸릴 것 같았다.

침대에 누워 내진을 받는 동안 남편은 입원수속을 마쳤다. 목숨이 경각에 달린 상황이 아닌 바에야 꼭두새벽에 수술은 안 된다니 하는 수 없이 아침 9시 담당 의사가 올 때까지 이런저런 장치들을 단 채 하릴없이 기다려야 했다.

사실, 자연분만을 완전히 배제한 건 아니었다. 염두에 둔 1순위는 제왕절개였지만, 진행만 빠르다면 자연분만도 괜찮다고 생각했다. 하지만 밤 12시부터 꼬박 아홉 시간을 끙끙거렸음에도 자궁문에는 단 1cm의 변화도 없었다. 자궁 수축 측정기에도 의미 있는 수치는 잡히지 않았다.

"자궁이 전혀 더 열리지 않았어요. 무통주사도 자궁문이 4cm 이상 열려야 놓을 수 있어요."

유도제, 촉진제 쓰고 30시간이나 용을 쓰다가 결국 제왕절개를 하고 말았다는, 인터넷 속 출산 선배들의 헤아릴 수 없는 사례들이 머릿속을 주마등처럼 지나갔다.

'그럼 그렇지.'

자연분만의 경우 출산이 가까워지면 대개는 태동이 현저히 줄어든다고 했다. 그런데 이놈은 양수가 터지기 직전까지 갈비뼈가 아플 정도로 발길질을 해댔다. 게다가 양수가 터지고 나서 뭐라도 달라져야 할 자궁 길엔 아무런 변화가 없었다.

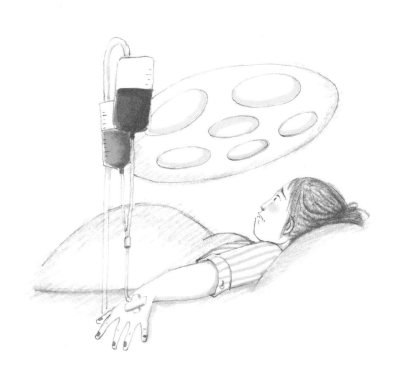

"뱃속에서 너무 피곤하니 이제는 나가야겠소. 앞으로는 알아서들 하시오!"

자궁문을 발로 뻥 차버리고는 그만 스트레스를 감당 못하고 뻗어버렸나 보다. 머리가 커도 좋으니 주 수만 채우고 나오라고 그렇게 빌었건만 남편의 출장을, 1박 2일 주말 동안 엄마 아빠의 컨디션 회복만을 기다려 준 것만이 놈의 마지막 자비였다.

출근한 의사가 입원실로 들어왔다.

"만약 자연분만을 한다면 얼마나 걸릴까요? 솔직하게 이야기해 주세요."

제왕절개를 이야기할 때 골반이 너무 좋다며 자연분만을 욕심냈던 의사가 내 얼굴을 보았다.

"밤새 진행이 좀 됐으면 모르겠는데…… 지금 이 상태라면 저녁은 지나야 할 거예요. 자연분만은 진통도 진통이지만 마지막에 힘을 줄 때 산모의 의지가 아주 중요해요. 근데 그게 진짜 어렵거든요. 그게 안 되면 수술해야 해요."

"수술은 언제 할 수 있어요?"

"10시 반 정도면 가능해요."

"으아아, 그럼 그렇게 최대한 빨리 해주세요오!"

그랬다. 난 의지가 없다. 게다가 강도는 약해도 이미 아홉 시간이나 진통을 겪었다. 자다 깨다 할 만큼 약한 진통이더라도 진통은 진통이다. 참고 버텨낼 생각이 진심으로 1도 없다.

수술 의사를 밝히자 분만실이 분주해졌다. 간호사들이 돌아가며 이것저것 뭔가를 설명하고 동의서에 사인을 받았다. 제왕절개를 시기하는 듯 진통이 심해졌다 잦아들고, 잦아들었다 심해진다. 심술을 부린다. 통증이 야금야금 더해가니 미쳐버릴 것만 같았다.

그 와중에 남편이 자꾸 신경을 긁는다. 배후(?)에는 열흘간의 해외출장을 후 주말을 보내고 난 월요일 아침 아홉 시, 아내가 애 낳으러 왔다는 데도 연신 전화를 해대는 그의 클라이언트들이 있었다.

"보호자분 어디 가셨어요?"

"밖에…… 없어요? 통화하러 나갔는데……."

한 열 번쯤은 듣고 답한 것 같다.

곁을 지켜주기를 바랐건만, 잦고 길어지는 그의 통화에 머리에 열기가 올라오기 시작했다. 그의 클라이언트든 나의 회사든 이젠 더 이상 중요치 않았다.

"젠장! 지금부터 오는 모든 전화와 카톡 다 무시해! 설명도 하지 말고 그냥 나만 봐!"

소리쳤다.

수술실은 들은 대로 턱이 덜덜 떨릴 만큼 추웠다. 수술이라는 걸 한 번도 해본 적이 없으니 마취도 처음이었다. 갑자기 다리 감각이 사라졌다. 100미터는 족히 되는 깊은 수렁으로 꺼지듯 몸이 빠져든다. 겁이 덜컥 났다.

"너무 무서워요. 어떻게 빨리 좀 해주세요."

눈을 떴다. 아니, 떠졌다.

"아기는 괜찮나요?"

하얀 모자를 쓴, 초록 속싸개에 휘감겨 앙앙대는 아기가 보였다. 눈물이 흘렀다. 뭔지 모를 서러움이 물밀 듯 솟구쳤다.

다시 스르륵 잠에 빠져들었다. 오한이 엄습했다. 깨어보니 오만 가지 주삿바늘이 달린 몸이 사시나무 떨듯 덜덜 떨렸다. 마취가 풀리자 병실로 옮겨졌다.

'이제 엄마다. 배가 남산만 해도 아기가 태어나기 전까지는 무자녀 칸에 체크해야 했던 37주를 지나 진짜 엄마가 되었다!'

엄마만의 몫이라고?

제왕절개로 아기를 낳은 엄마들 모두 마찬가지일 테다. 수술 후 고개조차 들기 힘들던 시간의 공포를 힘겹게 벗어나고 나니 첫 미션이 떨어졌다.

'병원 침대에서 일어나 혼자 서기.'

누군가의 출산 후기에서처럼 내장이 아래로 쏟아질 것만 같은 두려움을 참고 두 발을 땅에 딛고 일어서야 하며, 화장실에 가고, 가스를 배출해야 한다. 그 과정을 거쳐야만 수액과 주사약이 주렁주렁 달린 이동식 링거대를 끌고 복도를 걸어다닐 수 있다.

수술이 끝나고 잠에 빠지기 전 본 아기 모습이 어렴풋했다. 나도 모르게 흐르던 눈물도 떠올랐다. 아기를 보려면 신생아실로 가야 했다. 얼른 일어나 걸어야 한다.

'그래. 내 눈에서 눈물을 뽑아낸 내 아기를 보러 가야지. 아, 이게 엄마의 본능인 건가?'

병실 안을 빙빙 두서너 번 돌다 복도로 나왔다. 지금 일어나지 않으면 회복이 더뎌진다며 등을 떠민 엄마 덕분인지, 수술 직전 얼결에 신청한 페인부스터와 무통주사 때문인지 걸을 때의 고통은 우려보다는 참을 만했다.

유리벽을 사이에 두고 아기와 마주했다. 정신 차린 후 첫 대면이다. 물색없이 눈물이 흘렀다.

수술 후 3일쯤 지났을 때였다. 콜이 왔다. 신생아실 옆 수유실로 내려가 2.8킬로그램으로 태어난 아기를 품에 안고 정신없이 수유 교육을 받았다. '엄마'라는, 막연했던 현실이 코앞에 펼쳐졌다.

손을 살짝 대기만 해도 부서져 버릴 것만 같은 아기들

을 수유실 선생님들은 거침없이 만졌다. 조심성이 없다는 게 아니다. 그만큼 숙련되었다는 뜻이다.

젖 물리는 법, 아기 안는 법, 깨우는 법 등을 카리스마 넘치게 한꺼번에 입 밖으로 쏟아낸 그들은 엄마들 자세를 잡아주고는 쫓기듯 신생아실로 돌아갔다. 말이 빠른 편이라 웬만큼 빨라서는 그러려니 하는 내가 놀랄 정도였다.

'산모는 계속 오고 저 문 너머에서 앙앙 울어대는 아기들은 수십이니…….'

전쟁 같은 그곳의 분위기가 확 느껴졌고, 충분히 이해가 되었다.

초산인 산모는 떨어뜨릴까 무서워 아기를 오른쪽 왼쪽 옮기기도 어려워한다는 말을 들었다. 나도 마찬가지였다. 알람 버튼을 누르면 신생아실 간호사가 나와 아이의 방향을 바꿔주고 다시 들어갔다. 그럭저럭 수유가 시작되었다.

깜빡 잠이 들어 유축 시간을 놓치고 말았다. 눈을 뜨니 말랑말랑하던 가슴이 묵직한 돌덩이로 바뀌어 있었다. 게다가 상처가 곪을 때처럼 욱신거리고 쑤신다. 고통을 참을 수가 없다. 지옥이다.

"왜 유축을 안 했어요? 양배추는 사 오셨어요? 양배추를 붙이고 있어야 가슴이 풀려요."

'그런 걸 안내받은 적이 있던가?'

맡은 일을 처리하러 병원을 나간 남편에게 빨리 양배추를 사 갖고 들어오라고 하려니 좀 민망했다.

"아직도 안 사오셨어요?"

여섯 시간쯤 지나 또다시 핀잔을 듣고 나서야 망할 놈의 양배추를 샀다.

"종류가 달라요."

그러고는 또 왜 유축을 안 했냐며, 빨리 네 가슴을 다시 말랑하게 만들어 줄 양배추를 가져오라고 다그쳤다.

'젠장!'

양배추의 어떤 작용으로 가슴이 다시 말랑말랑해지는

지는 말하지 않고 가져오면 설명해 준단다.

'아니, 양배추가 그렇게 꼭 필요한 거라면 병원에서 준비해 놓아야 하지 않나요?'

짜증이 확 나면서 목구멍이 근질거렸다.

"가슴 마사지 받으면 좋아지긴 하는데, 조리원 가죠? 그럼 거기서 해줄 거예요."

마사지를 어떻게 하면 되는지 가르쳐주길 바랐지만, 병원에서는 유료 마사지 프로그램을 이용하거나 조리원에 가서 받으라며 떠넘겼다.

알아보니 양배추는 가슴을 차갑게 해 열기를 빼주는 용도였다. 온라인을 뒤져 양배추를 대신할 가슴 찜질용 팩을 주문했다.

'그래. 양배추는 사놓기 어렵다고 쳐. 그럼 냉찜질용 팩이라도 팔든지 말이야.'

팩을 냉장고에 넣었다가 꺼내 가슴에 얹으니 물기로 흐물흐물 축 처지는 양배추보다 훨씬 편했다. 그럼에도 입원 기간 내내 앓던 가슴 통증은 조리원에 가서야 폭풍 수유로 감쪽같이 사라졌다.

내 무지는 임신, 출산과 관련된 부분에만 국한된 게 아니었다. 출산 후 나타나는 몸의 변화들에 대해서도 어찌 그리 아는 게 없는지…….

치료기관으로 안전이 최우선인 병원에서는 아기의 안전을 위해서라면 신새벽에도 수유콜을 수시로 해댔다. 새벽 3시에 콜을 받고 좀비처럼 일어나 수유하고 돌아오면 다시 간호사가 바이탈 체크와 수액 교체를 하러 들어온다. 남편도 나도 1주일 내내 잠을 제대로 못 잤다.

수유 후 멍하니 침대에 앉았다. 출산 전 내 수유 계획은 모유를 유축해 먹이는 방법이었다. 하지만 급작스럽게 병원에 와 아이를 낳고 나서는 마치 컨베이어벨트라도 올라탄 듯 병원에서 시키는 대로 수유를 했다. 수유가 왜 중요하고 유축은 왜 필요한지, 유축 후 수유와 직접 수유는 어떤 차이가 있는지 아무도 알려주지 않는다. 하라니 그냥 할 뿐! 아기가 젖을 직접 무는 게 유축기보다 젖량 증가에 더 좋다는 사실조차 뒤늦게 유튜브 영상을 보고 나서야 알았다.

퇴원일 전날 교육 때도 그랬다. 엄마만 오라는 말에 혼자 내려갔더니 아빠들도 다 와 있었다. 당장 남편을 불렀다. 생각해 보니 손이 가장 많이 갈 신생아 시기인데, 무슨 교육이든 아기에게 필요한 거라면 엄마 아빠가 같이 받는 게 당연했다.

'그래, 혼자 감당하고 안 하고는 나중 문제지.'

퇴원 당일, 아기 컨디션을 체크할 때도 마찬가지였다. 한 번 경험했으면서도 엄마만 들어오라는 말에 수유 때처럼 엄마만이 특별히 알아야 하는 게 있는 줄 알았다. 아니었다. 아기에 대한 설명을 듣는 일반적이고 단순한 과정이었다.

'왜 이럴까? 모든 일이 엄마의 몫이라는 전제가 깔려 있기 때문인가?'

모유 직접 수유처럼 엄마만의 절대적인 행위는 어쩔 수 없다손 치더라도 아이를 돌보는 행위는 아빠와 함께

하는 게 당연했다. 그럼에도 병원에서는 엄마만을 아기의 양육자로 보는 듯했다. 다른 곳이라고 크게 다르지 않을 터였다.

나는 그렇게 조금씩 엄마로 만들어져 갔다.

어려운 친구가
생겼다

헐레벌떡 둘이 나갔다가 병원과 조리원을 거쳐 앙증맞은 아기와 셋이 되어 집으로 돌아왔다. 그 첫날, 달라진 환경 때문인지 순했으면 좋겠다는 바람을 담은 태명과는 반대로 순순이(?)는 밤새 울었다. 이유도 모른 채 안고 달래며 이틀 밤을 꼬박 새웠다. 그나마 이틀이라서 다행이었다. 안 그랬으면 미쳐 버렸을지도 모른다.

그 후부터는 1시간에 한 번씩 먹고 트림하고 잠들었

다 깨기를 반복했다. 이틀간의 학습효과 때문인지 그 정도는 껌이었다. 정신머리가 없을 뿐…….

조리원에서 나는 새끼고양이만 한 그 작은 몸을 끌어안고 이런저런 이야기를 해댔다. 알아듣지는 못하더라도 엄마 목소리를 들려주고 싶었다. 그리고 그때마다 눈물이 나서 엉엉 울었다.

뱃속 아기와 함께 살던 열 달 가까이 누구에게든 언제든 건드려만 보라며 날카롭게 날을 세웠던 나였다. 작은 아이를 안은 채 자고 일하는 것만 같았다. 예민한 성격임에도 사회인으로 적당히 무딘 듯 허허실실 지내왔지만, 임신 기간에는 그런 연기를 이어가기 어려웠다. 무거워지는 몸, 시시각각 심해져만 가는 온갖 통증들로 참 고단했다.

아기에겐 아무 잘못이 없는데도 어떤 때는 원망스럽기까지 했다. 그래서 오직 제발 주 수만 채워서 나오라고 했을 뿐 그 흔한 태담 한 번 안 했다. 그러다 아이를 낳았다.

"사랑해. 정말 사랑해. 이렇게 예쁜데 몸 좀 힘들다고 그렇게 원망하다니…… 진짜 미안해!"

집에 와서도 아이를 안고 사랑한다 말할 때면 눈물이 났다. 혼자 있을 때만 그러는 걸 보고 혹 산후 우울증 아닌가 의심도 들었다. 그런데 100일이 지났는데도 여전하다.

스치기만 해도 부서질 듯 가느다랗던 팔다리에 제법 살이 붙었다. 목도 힘을 주기 시작하더니 엎어 놓으면 고개를 빳빳이 들고 주위를 둘러본다. 엄마의 생일에 태어난 핏덩이 아기가 차츰 인간의 모습이 되어간다.

한 시간에 한 번씩 먹던 우유를 두세 시간 간격으로 먹고, 100일 즈음이 되니 여덟 시간 넘게 통잠을 자기도 한다. 손바닥 하나면 다 가려지던 작은 등판도 두 손은 합쳐야 가릴 수 있을 만큼 듬직해졌다. 말로만 듣던 100일의 기적이다.

한편으로는 매일매일 시행착오를 겪는다. 왜 우는지, 어떻게 달래야 하는지, 무엇을 먹이고 입혀야 하는지 모르니 그럴 수밖에 없다.

'임신하고도 왜 그 흔한 유튜브 영상 한 번 안 찾아봤을까?'

아이가 잘 때 같이 자면서 쉬라는 조리원 원장의 조언을 나는 따를 수 없었다. 자는 동안 이런저런 영상들을 찾아 열공하며 그동안의 무지를 만회해야 하기 때문이다.

조금만 피곤해도 견뎌내지 못하고 저녁 아홉 시면 잠에 빠지던 내가 들릴 듯 말 듯한 아기의 작은 칭얼거림에도 벌떡 일어난다. 여지없는 엄마다. 그리고 잠든 아기의 모습을 바라보며 생각한다.

'내가 누군가에게 단 한 번이라도 이렇게까지 절대적인 존재였던 적이 있었나? 내 품에서 먹고 잠들고 쉬는 이 작은 존재에게 나는 어떤 의미일까?'

아, 나에게 정말 정말 어려운 친구가 생겼다!

エピローグ

에필로그

엄마가 되는 방식

나는 '삼식이'다. 남편이 해주는 밥을 제비새
끼처럼 꼬박꼬박 받아먹으며 수유를 한다. 산후조리 중
엔 무거운 것을 들면 안 된다는 말에 크든 작든 집안일
대부분이 그의 몫이 되었다. 그리고 난 아이를 씻기는
일이나 손톱을 깎는 일에 여전히 서툴다.

우리 부부는 물론, 친가나 외가 가족들 모두를 들었다
놨다 하는 역대급 슈퍼스타에겐 손이 많이 간다. 하지만
조리원 원장님, 양가 어르신들, 친구들, 유튜브나 블로그
속 전문가들의 조언이 우리 아이에게 꼭 맞는 건 아니

다. 수면 습관을 위해 누구는 잠들 때까지 울리라고 했다. 또 어떤 이는 우유 먹는 습관을 들이려면 세 시간이 되기 전에는 아무리 배가 고파 울어도 먹이면 안 된다고 했다. 자칭타칭 전문가라는 그들의 조언에 따라 한없이 울리기도 하고 시간을 지키기도 했으나 그 말처럼 되지는 않았다.

우리 부부는 주위의 조언이나 우리 의지가 아닌 순순이의 의지를 따르기로 했다. 배고파하면 먹이고, 졸면 언제든 재운다. 남들처럼 잠들기 전에 책을 읽어준다거나 노래를 불러주지도 않는다. 그저 묵묵히 옆에 함께 있어 주려 노력할 뿐!

그놈은 배가 고프면 아무리 졸려도 입에서 젖꼭지를 떼지 않는다. 그러다가도 배가 부르면 혀를 쏙 내밀어 거부의 의사를 명백히 밝힌다. 자의식과 의지가 강해 보인다.

다행히 모유와 분유를 가리지 않으며, 아침 아홉 시까

지 푹 자고 일어난 날이면 장미꽃보다 더 예쁘게 웃는다. 스스로 '이제 그만!'을 외칠 때까지 든든하게 먹여두면 가만히 누워 손을 쪽쪽 빨다 잠이 든다.

머리 감는 건 귀찮아하지만 욕조에 몸을 담그는 건 좋아한다. 모빌을 들고 오는 것만 보아도 대흥분 상태가 되는데, 좌우로 고개를 하도 돌려대서 뒷머리가 늘 꼬불꼬불 뭉쳐 있다. 차에 탔을 때는 움직이기만 하면 얼마 안 가 금방 잠들었다가도 서기만 하면 빨리 가라며 준엄하게 앙앙댄다.

어느 날은 시아버님 얼굴을, 어느 날은 친정엄마 얼굴을, 또 어느 날은 나와 남편의 얼굴을 보여주는 변화무쌍한 우리 아기가 매일매일 쑥쑥 자란다. 단 한 번도 느껴본 적 없는 감동이 볼 때마다 가슴을 꽉 채운다. 지난 1년간의 고통을 까맣게 잊게 만든다.

모쪼록 나처럼 삐뚤빼뚤 예민하지 않고 건강한 정신과 건강한 몸을 지닌, 한 사회의 존중받는 구성원으로 자랐으면 좋겠다.

나는 이제 엄마다!

마흔, 출산의 기록

초판1쇄 발행 2021년 02월 25일

지은이 김옥진
펴낸이 정광진
일러스트 강빛

펴낸곳 (주)봄풀출판
디자인 모아김성엽

신고번호 제406-3960100251002009000001호
신고년월일 2009년 1월 6일

주소 경기도 파주시 화동길 455-2, 4층
전화 031-955-9850
팩스 031-955-9851
이메일 spring_grass@nate.com

ISBN 978-89-93677-78-2 03330